# 世界名车标志

# 中 国 汽 车 标 志

# 历 史 名 车

世界上第一辆四轮汽车

福特 T 型汽车

甲壳虫汽车

奔驰 300SL 轿车

迈巴赫老爷车

1973 年款林肯大陆

第九代本田雅阁汽车

红旗 L5 轿车

## 豪 车 品 牌

法拉利恩佐

布加迪威龙

阿斯顿·马丁 DB9

兰博基尼 Aventador

劳斯莱斯幻影

玛莎拉蒂总裁

宾利慕尚

保时捷 911

汽车类教学改革成果教材

# 汽车概论

## 第 3 版

主　　编　蔡兴旺
副 主 编　张华伟　曾昭平
参　　编　曾水德　徐海明

机械工业出版社

本书共 9 个项目 40 个任务，主要内容有：汽车的发明与发展，国内、外主要汽车工业集团，汽车基本结构与原理，新能源汽车基本结构与原理，汽车选购与保险索赔，汽车驾驶与考证，汽车维护，汽车文化等。本书内容丰富，知识面广，实用性强，图文并茂，通俗易懂。

本书配有电子课件，提供了大量的文本、彩图、动画和视频资料，形象、生动地展示了历史名车的风采和现代汽车的基本构造、工作原理以及驾驶维护，方便教师授课和学生课外学习。

本书可以作为高职高专院校学生的选修课教材及汽车专业的新生教材，还可以作为汽车培训及中专技校的参考教材、广大汽车爱好者的阅读材料。

凡使用本书作为教材的教师可登录机械工业出版社教材服务网www.cmpedu.com 下载电子课件。咨询电话：010-88379375。

## 图书在版编目（CIP）数据

汽车概论/蔡兴旺主编. —3 版. —北京：机械工业出版社，2018.6 （2023.6 重印）

高职高专"十三五"规划教材

ISBN 978-7-111-59431-4

Ⅰ.①汽… Ⅱ.①蔡… Ⅲ.①汽车—高等职业教育—教材 Ⅳ.①U46

中国版本图书馆 CIP 数据核字（2018）第 050798 号

机械工业出版社（北京市百万庄大街 22 号　邮政编码 100037）

策划编辑：葛晓慧　　　　　责任编辑：葛晓慧
责任校对：刘秀芝　佟瑞鑫　封面设计：马精明
责任印制：常天培

固安县铭成印刷有限公司印刷

2023 年 6 月第 3 版第 6 次印刷

169mm×239mm　·14.25 印张·2 插页·272 千字

标准书号：ISBN 978-7-111-59431-4

定价：35.00 元

| 电话服务 | 网络服务 |
| --- | --- |
| 客服电话：010-88361066 | 机　工　官　网：www.cmpbook.com |
| 　　　　　010-88379833 | 机　工　官　博：weibo.com/cmp1952 |
| 　　　　　010-68326294 | 金　　书　　网：www.golden-book.com |
| 封底无防伪标均为盗版 | 机工教育服务网：www.cmpedu.com |

# 前　　言

《汽车概论》自 2005 年第 1 版出版至今，已进行了 1 次修订，20 多次重印，发行 7 万余册，受到广大读者的欢迎和同行专家的认可。根据近几年的国内外汽车工业和汽车技术的快速发展，以及我国职业教育及汽车专业教学改革的需要，我们进行了第 2 次修订。

本次重印结合党的二十大关于"加强教材建设""推进教育数字化"的要求，以国家汽车行业发展规划及教育部最新专业标准等相关文件为指导，突出思想性、实用性、技能性和趣味性，吸收了近年来汽车高职教育教学改革所取得的新成果和汽车产业的新技术、新标准，结合信息技术发展和产业升级，适应"互联网+职业教育"的教学改革，结合企业调研和我们自己十多年的教学改革实践并广泛征求学生意见，在此基础上编写而成。

本书遵循"职业导向""理实一体""学生为本"的编写理念，将课程内容与职业需求、岗位技能相对接，将理论与技能融入每个任务中，注重职业岗位能力的培养，加强实践环节的训练。

本书结构体系采用任务驱动、项目导向的模式构建课程体系。理论教学与技能训练有机融合，系统性与模块化有机融合，方便不同学校、不同专业、不同实验条件剪裁选用。本书内容选择上突出实用性、新颖性和思想性，力求反映行业最新技术和发展动态，注重介绍现代汽车产业的新动向、新结构、新技术、新方法、新标准。

本书编排图文并茂，双色印刷，车标和历史名车采用彩色插页形式附于书前，文字叙述通俗易懂，简明实用，由浅入深，深浅适度，符合高职学生的心理特点。重要视频采用二维码链接形式插入书中，方便学生随时随地学习。本书还提供了"汽车概论"课程标准、PPT、试题库、视频等教学资源供教师和学生下载参考。

本书采用校企"双元"合作模式进行编写，蔡兴旺教授担任主编，张华伟、曾昭平工程师担任副主编，编写分工为：广州珠江职业技术学院蔡兴旺（项目 1、5、6、9）、广东松田职业技术学院张华伟（项目 2、3）、广州广科教学仪器设备公司曾昭平（项目 4）、广州科技职业技术学院曾水德（项目 8）、广州增城职业技术学院徐海明（项目 7）。

本书在编写及课件制作过程中,得到广东省教育厅、机械工业出版社、广州珠江职业技术学院、韶关学院、广东松山职业技术学院、广州科技职业技术学院、广州增城区职业技术学校等单位的大力支持与帮助,参考了大量汽车公司网站和相关网站资料,在此一并深表感谢。

由于本书知识面较宽泛,作者水平有限,书中误漏之处难免,诚恳期望得到同行专家和广大读者批评指正(敬请电邮 511870618@qq.com 蔡先生),谨先感恩致谢。

编　者

# 二维码索引

| 序号 | 名称 | 二维码 | 页码 | 序号 | 名称 | 二维码 | 页码 |
|---|---|---|---|---|---|---|---|
| 1 | 奔驰汽车制造技术 | | 29 | 6 | 鼓式制动器 | | 121 |
| 2 | 单缸四冲程汽油机基本工作原理 | | 95 | 7 | 荣威 e50 纯电动汽车工作原理 | | 144 |
| 3 | 多缸四冲程发动机基本工作原理 | | 97 | 8 | 直角转弯 | | 179 |
| 4 | 电控喷油器基本结构原理 | | 104 | 9 | 侧方位停车 | | 180 |
| 5 | 离合器基本结构原理 | | 113 | 10 | 趣味赛车 | | 197 |

# 目 录

**前 言**
**二维码索引**
**项目1 汽车的发明与发展** ·················································· 1
    任务1.1 汽车发明检索 ·················································· 1
    任务1.2 世界汽车工业发展史探究 ·································· 8
    任务1.3 中国汽车工业发展史探究 ·································· 11
**项目2 国外主要汽车工业集团** ·········································· 16
    任务2.1 美国三大汽车集团探究 ···································· 16
    任务2.2 欧洲主要汽车工业集团探究 ······························ 29
    任务2.3 亚洲主要汽车集团公司探究 ······························ 55
**项目3 国内主要汽车工业集团** ·········································· 67
    任务3.1 上汽集团探究 ················································ 67
    任务3.2 一汽集团探究 ················································ 69
    任务3.3 东风集团探究 ················································ 71
    任务3.4 长安集团探究 ················································ 74
    任务3.5 北汽集团探究 ················································ 75
    任务3.6 广汽集团探究 ················································ 78
    任务3.7 吉利集团探究 ················································ 80
    任务3.8 长城公司探究 ················································ 83
    任务3.9 华晨集团探究 ················································ 84
    任务3.10 奇瑞公司探究 ·············································· 86
    任务3.11 比亚迪公司探究 ··········································· 88
**项目4 汽车基本结构与原理** ············································ 91
    任务4.1 汽车总体组成与分类识别 ·································· 91
    任务4.2 汽车发动机基本结构原理观察 ··························· *93*
    任务4.3 汽车底盘基本结构原理观察 ······························ *112*

任务 4.4　汽车车身与电器基本结构原理观察 …………………………………… 123
**项目 5　新能源汽车基本结构与原理** …………………………………………………… 133
　　任务 5.1　电动汽车基本结构原理观察 …………………………………………… 133
　　任务 5.2　清洁能源汽车基本结构、原理观察 …………………………………… 141
**项目 6　汽车选购与保险索赔** …………………………………………………………… 145
　　任务 6.1　汽车主要技术参数识读 ………………………………………………… 145
　　任务 6.2　新车的选购 ……………………………………………………………… 151
　　任务 6.3　汽车保险申办 …………………………………………………………… 159
　　任务 6.4　汽车贷款申办 …………………………………………………………… 164
　　任务 6.5　汽车索赔申办 …………………………………………………………… 165
**项目 7　汽车驾驶与考证** ………………………………………………………………… 169
　　任务 7.1　汽车驾驶的基本操作 …………………………………………………… 169
　　任务 7.2　汽车驾驶考试 …………………………………………………………… 175
　　任务 7.3　汽车驾驶节油操作 ……………………………………………………… 180
　　任务 7.4　汽车道路驾驶应急处理 ………………………………………………… 181
**项目 8　汽车维护** ………………………………………………………………………… 184
　　任务 8.1　汽车油料的选用 ………………………………………………………… 184
　　任务 8.2　汽车的磨合 ……………………………………………………………… 190
　　任务 8.3　汽车的维护 ……………………………………………………………… 192
**项目 9　汽车文化** ………………………………………………………………………… 197
　　任务 9.1　观看汽车竞赛 …………………………………………………………… 197
　　任务 9.2　参观汽车展览 …………………………………………………………… 207
　　任务 9.3　汽车俱乐部调研 ………………………………………………………… 211
　　任务 9.4　汽车模型展览与竞赛 …………………………………………………… 213
　　任务 9.5　汽车媒体检索 …………………………………………………………… 214
**参考文献** ………………………………………………………………………………… 217

# 项目1 汽车的发明与发展

**教学目标与要求**

- 了解汽车的发展历程。
- 了解内燃机(汽油机、柴油机)的发展历程。
- 了解世界汽车工业的发展和现状。
- 了解中国汽车工业的发展和现状。

## 任务1.1 汽车发明检索

车辆为人类的发展、文明和进步做出了不可磨灭的贡献,其发明和发展,经历了无数人的艰苦努力和漫长的历史时期,主要经历了非机动车、蒸汽汽车和内燃机汽车三大历史阶段。

### 1.1.1 非机动车

#### 1. 车轮的发明

车的发明最早始于车轮的发明。公元前4000年左右,美索不达米亚人(Mesopotamia,古巴比伦的所在地,今叙利亚东部和伊拉克境内,世界四大文明发源地之一)发明了车轮(图1-1),车轮使滑动摩擦变为滚动摩擦,极大地减小了阻力。图1-2所示为车轮的演变历程。

图1-1 发现最早的车轮

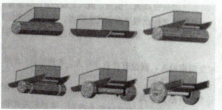

图1-2 车轮的演变历程

### 2. 非机动车诞生

发现最早的非机动车是公元前3300年古巴比伦的苏美尔战车(图1-3)。

中国是世界文明古国，对非机动车的发明与发展做出了巨大贡献。早在公元前2207~公元前1766年，我国就出现了轮(没有轮辐的车轮，如图1-4所示，图中木制车轮上固定上了横木，可防止木纹裂开)。公元前1000多年前我国的甲骨卜辞中，已出现象形文字"車"(图1-5)，从"車"字本身的形象不难看出它由车轮、车轴和车棚组成。公元前770~公元前249年的春秋战国时代，我国出现古代战车(图1-6是古代战车复原图)。

图1-3 苏美尔战车

 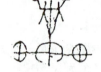 

图1-4 没有轮辐的车轮　　图1-5 商代"車"字　　图1-6 古代战车复原图

公元前248~公元前207年，秦始皇陵铜车马(图1-7)制造成功，该车长3.17m，由30000多个零件组装而成，用了铸造、镶嵌、焊接、铆接、子母扣连接等十几种工艺手法。该马车门窗全部可以自由开合，所有窗板均镂空铸成菱形花纹小孔，用来调节空气，具有通风保温的作用。马络头装饰的缨络采用青铜拔丝法，直径只有0.3~0.5mm，代表了我国当时铸造技术、金属加工和组装工艺的高超水平。一直到13世纪左右，该马车制造技术才通过丝绸之路传到欧洲。

图1-7 秦始皇陵铜车马

公元206年~公元220年，我国发明了记里鼓车(图1-8)。该车利用齿轮原理，由车轮带动大小不同的一组齿轮，车轮走满一里时，其中一个齿轮刚好转动一圈，该轮轴拨动车上木人打鼓或击钟，报告行程，被誉为汽车里程表和减速装置的先驱。我国还发明了指南车(图1-9)，车上立一个木人伸臂南指，只要一开始行车的时候木人的手臂向南指，此后不管车向东或向西转弯，在齿轮系的作用下，木人的手臂始终指向南方。这些发明体现了我国古代文明里先人们的聪明才智。

图1-8 记里鼓车

### 1.1.2 蒸汽汽车

1765年，瓦特改良了蒸汽机，为蒸汽汽车的发明

图1-9 指南车

奠定了动力基础。

1769年，法国人卡格诺(N.J.Cugnot)研制出第一辆蒸汽汽车(图1-10)，并用它来牵引大炮。该车安装了1个直径为1.34m的蒸汽锅炉，其后有2个50L的气缸，锅炉产生的蒸汽推动气缸内的活塞上下运动，运动的活塞再通过曲柄驱动前轮，其时速4km，牵引能力4~5t，车架为木质结构。由于前轮负载过大，转向不灵活，该车试车时只连续行走了15min就撞到墙上，成为世界上第一起汽车事故。

在第一辆蒸汽汽车的激励下，经过各国工程技术人员的不断试验改进，蒸汽汽车性能得到不断完善，并逐渐投入了实际使用。

1825年，英国嘉内公爵制造的蒸汽公共汽车(图1-11)，是世界最早的营业性公共汽车，这辆公共汽车有6个车轮，自重3t，可以乘坐18名乘客，时速19km。1831年，这辆车运行在英格兰的格洛斯特和切尔滕纳姆两城之间，生意很好，仅4个月时间就运载了3000多人次。

图1-10　第一辆蒸汽汽车

1833年4月，英国人汉考克(Walter Hancock)成立了世界上最早的公共汽车运输公司——苏格兰

图1-11　蒸汽公共汽车

蒸汽汽车公司，进行固定线路收费的公共汽车运输服务。该车可承载14名乘客，时速可达32km。

由于蒸汽汽车速度慢，蒸汽机体积大，热效率低，起动时间长，空气污染严重，随着内燃机汽车的出现，蒸汽汽车逐步退出了历史舞台。

### 1.1.3　内燃机汽车

**1. 内燃机的发明**

蒸汽汽车使用的蒸汽机属于外燃机，热效率低，仅10%左右；内燃机是将燃料在气缸内部燃烧产生的热能直接转化为机械能的动力机械，它具有体积小、质量轻、操作简单，便于移动和起动性能好等优点，热效率可以达40%左右。

17世纪80年代，荷兰物理学家、天文学家、数学家惠更斯(Christiaan Huygens)(图1-12)设计出一台火药机(图1-13)。这台火药机靠少量的火药在气缸里燃烧来提升活塞；当气体冷却时，大气压力便将活塞向下推，靠此来提起重物做功，被认为是内燃机的鼻祖。由于火药危险性大，火药机没有成功，但为后来的内燃机的问世打下了基础。

图1-12 惠更斯

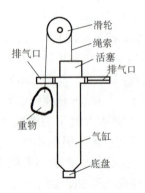

图1-13 火药机

1860年，法国发明家雷诺尔（E. Lenoir）研制了用电火花点燃煤气和空气混合物的煤气机（图1-14）。这台煤气机由水平放置的一个气缸和双侧做功的活塞组成，用滑阀开闭控制进气和排气，没有压缩，热效率只有3%。

1861年，法国工程师罗彻斯（Alphonse Beau de Rochas）发表了等容燃烧的四冲程发动机理论，首次提出进气、压缩、做功、排气四冲程循环原理。并强调压缩混合气是提高热效率的重要措施，这是一次认识上的飞跃，直至今天的汽车内燃机，都是采用四冲程原理。

1876年，德国发明家尼古拉斯·奥托（Nikolaus August Otto）（图1-15）研制出第一台实用的往复式四冲程内燃机（图1-16），并申请了专利。

图1-14 煤气机

该内燃机压缩比为2.66，单缸，卧式，以煤气为燃料，功率3.2kW，采用活塞曲柄连杆机构，转速度达200r/min，热效率达14%。为纪念奥托对内燃机的贡献，人们称这种循环的内燃机为Otto机。

图1-15 尼古拉斯·奥托

图1-16 奥托内燃机

1883年，德国人哥德里普·戴姆勒(Gottlieb Daimler)(图1-17)与威廉姆·迈巴赫(Wilhelm Maybach)(图1-18)合作，成功制造出第一台四冲程往复式汽油机，转速达到1000r/min。

图1-17　哥德里普·戴姆勒

图1-18　威廉姆·迈巴赫

1885年，戴姆勒与迈巴赫研制出世界第一台风冷立式单缸二冲程汽油机，之后又把它装在两轮自行车上，制成世界上第一台摩托车(图1-19)，并于1885年8月25日获得德国专利，其最高车速可达11.2km/h。

1890年，德国工程师鲁道夫·狄塞尔(Rudolf Diesel)(图1-20)第一个提出了不用点火、采用压缩的方法使喷入气缸的柴油着火的压燃式内燃机原理，并于1892年获得专利。1898年，实用四冲程柴油机投入商业性生产，热效率达26%。后人为了纪念狄塞尔，称柴油机为狄塞尔内燃机。狄塞尔为此获得了"人类最伟大的发明"金银纪念币奖(图1-21)。

图1-19　戴姆勒摩托车

图1-20　鲁道夫·狄塞尔

图1-21　"人类最伟大的发明"金银纪念币

内燃机的发明与完善为内燃机汽车的发明提供了动力来源。

## 2. 内燃机汽车的发明

1886年，德国人卡尔·费里特立奇·本茨(Karl Friedrich Benz)(图1-22)将自己在1885年设计制造的汽油机安装在一辆三轮汽车上(图1-23)。该车时速15km，具备了现代汽车的一些基本特点，如火花点火、水冷循环、钢管车架、前轮转向、后轮驱动、带制动手柄，是世界上最早装备差动齿轮装置的汽车。该车于1886年1月29日获得世界上第一项汽车发明专利证书，所以这一天被公认为汽车诞生日，本茨也被称为"汽车之父"。

图1-22 卡尔·费里特立奇·本茨

同一年，戴姆勒(Gottlieb Daimler)也制成了世界上第一辆四轮汽车(图1-24)，时速18km/h。后人将戴姆勒与本茨并称为"汽车之父"。

图1-23 世界上第一辆三轮汽车

图1-24 世界上第一辆四轮汽车

## 3. 内燃机汽车外形的演变

内燃机汽车发明以后100余年，汽车车身外形历经马车形车身、箱形车身、甲壳虫形车身、船形车身、鱼形车身、楔形车身等变化。

（1）马车形车身 从19世纪末到20世纪初，早期生产的汽车外形(图1-25)基本上沿用了马车的造型。因此当时人们把汽车称为无马的"马车"。

（2）箱形车身 为了提高发动机的功率和汽车的速度，发动机的尺寸越变越大，在座位下面已经无法容纳，只好布置在汽车的最前面。使得汽车的形状变成发动机舱和客舱两个方正部分，像个箱子，这就是箱形造型汽车(图1-26)。

图1-25 马车形汽车

图1-26 箱形汽车

(3) 甲壳虫形车身  随着车速日益提高,箱形车身空气阻力大的缺点突出表现出来。1934 年,德国著名汽车设计大师保时捷(Ferdinand Porsche)仿照甲壳虫外形设计汽车车身,人们称这种车为"甲壳虫"汽车(图 1-27)。

(4) 船形车身  福特汽车公司 1949 年推出具有历史意义的 V8 型汽车,明显地分为发动机舱、乘客舱、行李箱三个部分,中部突起,就像是一条船,人们称之为船形汽车(图 1-28),开创了现代三厢式(Three Box Type)轿车的先河。

图 1-27  甲壳虫汽车

图 1-28  船形汽车

船形汽车车厢宽大,视野开阔,舒适性好,行李箱大,而且将发动机前置,从而使汽车重心相对前移,使风压中心位于汽车重心之后,由此避免了甲壳虫形汽车对横风不稳定的问题,将空气动力学和人体工程学完美地结合了起来。

(5) 鱼形车身  船形汽车的尾部过分地伸长,形成了阶梯状,高速行驶时会产生较强的空气涡流,因此影响了车速的提高。为克服这个缺点,设计者将汽车后窗倾斜,形成斜背式,类似鱼形,所以被称为鱼形汽车(图 1-29)。

(6) 楔形车身  鱼形汽车的缺点是汽车后窗倾斜大、面积大,强度有所下降,而且汽车在高速行驶时易产生很大的升力。研究表明,减少汽车头部侧视投影的面积同时增加尾部侧视投影的面积,不但可具有较小的空气阻力,还可以提高汽车的空气动力稳定性,据此原理设计的车身就是楔形车身(图 1-30),其外形造型清爽利落、简洁大方、动感十足,给人以美的享受和速度的快感。

图 1-29  鱼形汽车

图 1-30  楔形汽车

(7) 现代汽车  现代汽车造型是艺术、机械工程学、人机工程学、空气动力学和现代化制造方法的有机结合。乘用车造型风格渐变圆润饱满(图 1-31)。

图 1-31  现代汽车造型特点

## 任务1.2 世界汽车工业发展史探究

世界汽车工业发展总体经历萌芽、快速发展、全盛时期和兼并改组、汽车产量稳定增长等历史阶段。

### 1.2.1 汽车工业萌芽阶段（1883年~1897年）

#### 1. 奔驰汽车公司

1883年，德国汽车发明家本茨成立了莱茵燃气发动机厂，后改名奔驰汽车公司。1887年本茨将他的第一辆汽油机汽车卖给了法国人埃米尔·罗杰斯，这是世界上第一辆现代汽车的销售。1894年，奔驰汽车公司开始生产威罗（Velo）牌汽车（图1-32），至1899年累计生产了1200辆，是当时第一款大量生产的汽车，1899年年产量已经达到572辆，雇员430人，成为当时世界最大汽车制造商。

#### 2. 戴姆勒汽车公司

1890年，德国戴姆勒汽车公司创立。1901年，第一辆梅赛德斯轿车（图1-33）诞生，年产量96辆。

#### 3. P&L公司

1890年，法国的潘哈德 & 勒瓦索（Panhard et Levassor, P&L）公司购买了戴姆勒的许可证，开始生产汽车。1891年，P&L公司对戴姆勒的汽车进行了改进，采用了前置发动机后轮驱动的标准形式，设计了专用底盘，使汽车质量合理分布，改善了汽车行驶性能，被全世界广泛仿效（图1-34）。P&L公司在19世纪90年代，生产了几万辆汽车。

图1-32 威罗（Velo）牌汽车　　图1-33 第一辆梅赛德斯轿车　　图1-34 1891年P&L公司生产的汽车

#### 4. 标致汽车公司

1890年，法国标致汽车公司正式成立。1889年，标致公司成功研制了齿轮变速器和差速器。图1-35所示是该公司1891年安装有4档变速器的标致Ⅲ型汽车。

#### 5. 米其林公司

1889年，米其林公司成立。1895年，法国人米其林兄弟发明充气式橡胶轮胎，为汽车性能的提高做出了重要贡献。

图1-35 标致Ⅲ型汽车

## 1.2.2 汽车工业快速发展阶段(1898年~1938年)

继奔驰和戴姆勒公司之后,福特、通用等20余家汽车公司相继成立(表1-1)。

汽车生产组织形式也由家庭作坊式过渡到大规模、标准化和流水线生产,出现了美国福特和通用等大汽车公司。1913年,福特公司首次采用流水线生产T型汽车,到1920年,实现了每分钟生产1辆汽车的速度。

由于T型车(图1-36)经济实用,深受当时人们欢迎,生产量达1546万辆,创下当时汽车单产世界纪录。从1908年~1920年,全世界汽车保有量的50%是T型车,为"装在汽车轮子上的美国"立下了"不朽功勋"。通用汽车公司则采用合作兼并等方法,先后兼并了凯迪拉克、别克、雪佛兰、庞蒂克等30多

图1-36 福特T型汽车

个汽车公司,进行集团化生产,分工协作,到1927年成为世界上最大的汽车公司。1984年公司从业人员达81.3万人。这个时期,美国工业发展迅速,人民收入提高,加上政府的政策,使美国的汽车工业得以快速发展,处于世界领先地位。

表1-1 早期世界主要汽车公司创建时间

| 公司简称 | 国家 | 创建时间 | 公司简称 | 国家 | 创建时间 |
| --- | --- | --- | --- | --- | --- |
| 奔驰 | 德国 | 1887年 | 雪佛兰 | 美国 | 1911年 |
| 戴姆勒 | 德国 | 1890年 | 雪铁龙 | 法国 | 1915年 |
| 标致 | 法国 | 1890年 | 宝马 | 德国 | 1917年 |
| 雷诺 | 法国 | 1898年 | 宾利 | 英国 | 1919年 |
| 菲亚特 | 意大利 | 1899年 | 马自达 | 日本 | 1920年 |
| 欧宝 | 德国 | 1899年 | 沃尔沃 | 瑞典 | 1924年 |
| 凯迪拉克 | 美国 | 1902年 | 克莱斯勒 | 美国 | 1925年 |
| 别克 | 美国 | 1903年 | 戴姆勒-奔驰 | 德国 | 1926年 |
| 福特 | 美国 | 1903年 | 法拉利 | 意大利 | 1929年 |
| 劳斯莱斯 | 英国 | 1906年 | 日产 | 日本 | 1933年 |
| 通用 | 美国 | 1908年 | 大众 | 德国 | 1938年 |
| 奥迪 | 德国 | 1910年 | 丰田 | 日本 | 1937年 |

在汽车产量发展的同时,汽车技术也有很大进步,高速汽油机、柴油机、艾克曼式的转向机构、等速万向节、弧齿锥齿轮和双曲面齿轮传动、带同步器的变速器、四轮制动、液压减振器、充气轮胎和发电机-蓄电池-起动电动机系统都是这个时期发明的。

### 1.2.3 汽车发展的全盛时期(1939年~1973年)

第二次世界大战结束后,欧洲著名汽车公司德国大众、戴姆勒-奔驰、宝马、保时捷等公司,法国标致、雪铁龙、雷诺等公司,意大利菲亚特、法拉利、阿尔法-罗米欧、兰博基尼等公司,英国劳斯莱斯、摩根、莲花、罗孚等公司,瑞典沃尔沃公司等都在战争的废墟上大力重建汽车工业,发展汽车产业。西欧汽车产量由战前的80万辆猛增到750多万辆,增长了近10倍。德国大众的甲壳虫牌汽车(图1-37),采用流线型设计,减少了风阻和车尾气体涡流,风靡全球,1939年~1973年共生产2150万辆,刷新了单产世界纪录。大众高尔夫牌轿车(图1-38),款式新颖齐全,外壳镀锌板12年不锈,深受欢迎,已经生产2500多万辆,欧洲几乎每个家庭都有1辆。1973年,欧洲汽车产量1500万辆,世界汽车产业中心转回欧洲。

图1-37 甲壳虫汽车

图1-38 第2500万辆高尔夫下线

日本二战后也迅速崛起,在引进、消化的基础上,创造出新车型,汽车产量从1963年的100多万辆迅速增加到1970年的400余万辆,其中出口汽车100多万辆,1985年出口汽车达675万辆。1980年~1993年期间年产量超过美国,跃居世界第一。

这个时期的汽车技术主要是向高速、方便、舒适方面发展,20世纪50年代轿车功率已经达到280kW,最高车速达200km/h,流线型车身、前轮独立悬架、液压自动变速器、动力转向、动力制动、全轮驱动、低压轮胎、子午线轮胎都相继出现。

### 1.2.4 汽车企业兼并改组,汽车产量相对稳定时期(1974年至今)

由于发达国家汽车保有量趋于饱和,汽车生产过剩,市场竞争激烈,欧美、欧日贸易摩擦不断。各大公司通过参股、控股、转让、兼并,加速了汽车工业国际化和高度垄断的进程。1998年5月7日,德国最大的汽车工业集团戴姆勒·奔驰公司与美国第三大汽车公司克莱斯勒公司合并,给汽车工业带来了极大震撼。而亚洲的中国、韩国却在激烈竞争中崛起,到2017年,我国汽车产销量已经连续9年居世界第一。

这个时期汽车技术的主要发展方向是提高汽车的安全性和降低排气污染。各种保障安全、减少排气污染的新技术、新车型应运而生,如各种防抱死制动系统、电子控制喷油、电子控制点火、三元催化转化系统、电动汽车等。

2017 年，世界汽车年产量达 9730.3 万辆，产量前 10 名的国家见表 1-2。

表 1-2  2017 年世界各国汽车产量排名

| 名次 | 国家 | 年产量/万辆 | 名次 | 国家 | 年产量/万辆 |
|---|---|---|---|---|---|
| 1 | 中国 | 2901.54 | 6 | 韩国 | 411.49 |
| 2 | 美国 | 1119.00 | 7 | 墨西哥 | 406.84 |
| 3 | 日本 | 969.37 | 8 | 西班牙 | 284.83 |
| 4 | 德国 | 564.56 | 9 | 巴西 | 269.97 |
| 5 | 印度 | 478.29 | 10 | 法国 | 222.70 |

2017 年世界十大汽车品牌销量排名见表 1-3。

表 1-3  2017 年世界十大汽车品牌销量排名

| 名次 | 汽车品牌 | 年销量/万辆 | 名次 | 汽车品牌 | 年销量/万辆 |
|---|---|---|---|---|---|
| 1 | 丰田 | 871.36 | 6 | 现代 | 440.00 |
| 2 | 大众 | 683.28 | 7 | 雪佛兰 | 413.61 |
| 3 | 福特 | 616.57 | 8 | 起亚 | 281.68 |
| 4 | 本田 | 516.26 | 9 | 雷诺 | 268.14 |
| 5 | 日产 | 514.24 | 10 | 奔驰 | 255.14 |

## 任务 1.3  中国汽车工业发展史探究

新中国成立前没有自己的汽车工业，新中国成立后从无到有，发展到 2017 年汽车产销量分别为 2901.5 万辆和 2887.9 万辆，连续 9 年居世界第 1。中国历年汽车产量如图 1-39 所示。中国汽车发展总体经历如下 4 个阶段。

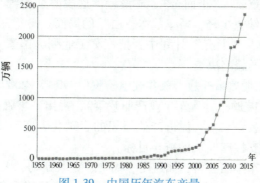

图 1-39  中国历年汽车产量

### 1.3.1 汽车工业创建成长阶段（1953年~1992年）

我国在计划经济指导下，由国家集中资金，创建了第一和第二汽车制造厂，奠定了中国汽车工业的基础。

第一汽车厂于1953年7月在长春破土动工，1956年7月生产出第一辆解放牌载货汽车（图1-40），结束了中国不能生产汽车的历史。1958年5月，第一汽车厂生产出第一辆东风牌轿车。

图1-40 第一辆解放牌载货汽车

第二汽车厂于1967年4月动工兴建，1975年7月投产，主要生产东风牌载货汽车（图1-41）。

图1-41 东风牌载货汽车

在这个历史时期，全国汽车企业达2000余家，除部分基础较好的汽车厂外，大多数企业的产品重复、"小而全"、质量差。这段时期的汽车产品类型主要是中型货车，出现"缺重少轻，轿车基本空白"的局面。

1986年，中央在"七五"计划中，把汽车工业列为国家支柱产业。确定了重点发展轿车工业的战略决策。

### 1.3.2 汽车工业改革开放、兼并改组阶段（1993年~2000年）

1994年，国务院颁布《汽车工业产业政策》，提出"增强企业开发能力，提高产品质量和技术装备水平，促进产业组织的合理化，实现规模经济，到2010年成为国民经济的支柱产业"的奋斗目标。

全球著名的汽车集团公司，如通用、福特、克莱斯勒、大众、戴姆勒-奔驰、宝马、标致-雪铁龙、菲亚特、日产、丰田、本田、现代等汽车公司均进入我国，与国内著名汽车集团公司进行合资，生产品牌汽车。

国内汽车企业进行改组兼并。一汽组建的第一汽车集团有限公司（图1-42），至1997年，已拥有成员企业270家，形成重、中、轻、轿、客、微6大系列，200多个品种，年产能力40万辆，是国内汽车产品系列最全、生产规模最大的汽车企业。二汽组建的东风汽车集团有限公司（图1-43），相继形成了十堰、襄阳、武汉、广州四大汽车开发生产基地，拥有东风、神龙、云汽、柳汽、杭汽、风神等11个汽车生产企业，产品覆盖"重、中、轻、轿"多种品种，是国内汽车生产规模最大的汽车工业集团之一。上海汽车集团股份有限公司在上海、仪征、柳州、合肥、烟台等地建立了多个汽车生产基地，与德、美、日、英、法和意大利等国家的汽车和零部件企业集团共建立了57家合资企业，是目前国内领先的乘用车制造商、最大的微型车制造商和销量最大的汽车制造企业。如图1-44所示为1995年11月28日，上汽大众第50万辆桑塔纳轿车下线情景。1998年，从生产集中度看，国内14家企业集团（公司）生产汽车148.5万辆，占全国当年汽车产量的

图1-42　一汽集团总部大楼

图1-43　东风集团总部大楼

图1-44　第50万辆桑塔纳轿车下线

91.21%，初步形成了汽车产业的组织结构优化调整。1992年~2000年8年间，我国汽车年产量翻一番，达到207.7万辆，全球排名第8位。

### 1.3.3　汽车产量快速增长阶段（2001年~2010年）

我国汽车年产量连续10年实现快速增长，由2001年的234万辆增加到2010年的1826万辆（图1-45），平均每年增加140多万辆，年均增长速度高达25%。

2004年，国家新《汽车产业发展政策》发布，重申我国汽车产业在2010年前发展成为国民经济的支柱产业的奋斗目标。国家鼓励汽车企业集团化发展，实现汽车产业结构优化和升级，全面提高汽车产业国际竞争力，鼓励汽车生产企业开展国际合作，坚持引进技术和自主开发相结合。2009年国家出台《汽车产业振兴规划》，我国汽车年产量强势增长，首次突破1000万辆，达1379万辆，居世界第一。

### 1.3.4 汽车产量稳步增长阶段(2011年~2017年)

截至2017年,我国连续7年汽车产销量稳居世界第一,平均年增长6.2%,总体呈现平稳增长态势。

我国汽车产业结构进一步优化,汽车企业进一步改组兼并,至2017年,上汽、东风、一汽、长安、北汽、广汽等10个骨干汽车企业汽车产销量已经占总量的88.52%(图1-46)。汽车企业与互联网行业跨界联合已经开始,上汽与阿里巴巴、北汽与乐视、长安汽车与华为、腾讯、富士康、和谐汽车均已达成战略协议,合作造车。

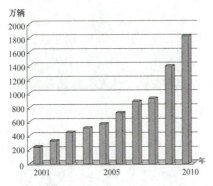

图1-45 汽车产量跨越式增长

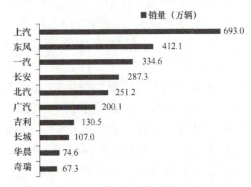

图1-46 2017年十大企业集团汽车销售量

乘用车方面,受购置税优惠幅度减小的影响,2017年乘用车产销增速明显减缓,同比分别增长1.6%和1.4%,占汽车产销比重分别达到85.5%和85.6%。

中国车企自主开发能力取得了长足进步。2017年,中国品牌自主研发的SUV车型销量为621.7万辆,占全部乘用车1025.27万辆的60.6%。乘用车自主开发已开始进入中高档领域。图1-47所示为上汽研发的荣威750汽车。

我国新能源汽车保持持续增长,2017年新能源汽车生产79.4万辆,销售77.7万辆,同比分别增长53.8%和53.3%,产销量同比增速分别提高了2.1和0.3个百分点。图1-48所示为比亚迪宋DM新能源汽车。

图1-47 荣威750汽车

图1-48 比亚迪宋DM新能源汽车

目前虽然我国汽车产销量全球第一，但是由于人口众多，人均汽车保有量仍然很低，达不到世界平均水平。我国汽车工业在技术开发水平上与世界汽车强国还有一些差距，还没有成为全球汽车强国，有待进一步做大做强。

## 项目小结

1）车辆主要经历了非机动车、蒸汽汽车和内燃机汽车3个历史阶段。

2）奥托(Otto)研制出第一台实用的往复式四冲程内燃机，狄塞尔(Diesel)研制出第一台实用的柴油机，为现代汽车的发明与发展作出突出贡献。

3）1886年1月29日，德国工程师本茨成功地为自己发明的三轮汽车申请了专利，这一天被后人称为现代汽车诞生日。同年，德国人戴姆勒制成第一辆四轮汽车，与本茨被同称为"汽车之父"。

4）世界汽车工业经历萌芽阶段、快速发展、全盛时期和兼并改组、稳定发展几个历史阶段。

5）中国汽车工业发展经历创建成长、改革开放、快速增长、稳步增长四个主要历史阶段。2017年，我国汽车产销量分别达2901.5万辆和2887.9万辆，连续9年居世界第1位。

## 习题与思考题

1. 现代汽车诞生日是哪一天？被称为"汽车之父"的是谁？
2. 从汽车的发明史可以得到什么启示？
3. 检索世界汽车工业发展史，有什么值得我国借鉴的东西？
4. 分析我国汽车工业发展史，有什么经验和教训？

# 项目2 国外主要汽车工业集团

> **教学目标与要求**
> - 学会辨认通用、丰田、福特、大众、雷诺-日产-三菱联盟、现代、本田、标致-雪铁龙、克莱斯勒、宝马、戴姆勒-奔驰、菲亚特等汽车集团公司的商标。
> - 学会辨认上述集团公司的品牌汽车。
> - 了解上述集团公司的组成。
> - 了解上述集团公司的发展和现状。

## 任务2.1 美国三大汽车集团探究

美国汽车工业发展初期,曾出现几百家汽车企业,规模大都很小。通过竞争,大多数企业被兼并或淘汰,形成了通用、福特和克莱斯勒三大汽车集团。

### 2.1.1 通用汽车有限公司(General Motors Corporation)

1. 公司简介

通用汽车公司创立于1908年,创始人是威廉·杜兰特(William C.Durant)(图2-1),总部在美国汽车之城底特律。1984年通用汽车公司从业人员达81.3万人,1993年公司在世界500强排第1名(销售额),被誉为"世界汽车巨人",2016年的汽车销量为996.5万辆,居世界第3。2018年7月19日,《财富》世界500强排行榜发布,通用汽车公司位列21位。

图2-1 威廉·杜兰特

图2-2 通用汽车公司商标

通用汽车公司商标GM(图2-2)是由公司英文名称General Motors Corporation的前两个单词的第一个大写字母组成,蓝底白字,简洁明快。

### 2. 公司发展简史

- 1904年,美国最大的马车制造商杜兰特买下了别克(Buick)汽车公司。
- 1908年,杜兰特成立了通用汽车公司。收购了奥兹莫比尔(Oldsmobile)汽车公司。
- 1909年,收购了奥克兰汽车公司【1932年更名为庞蒂克(Pontiac)汽车公司】,并购了凯迪拉克(Cadillac)等汽车公司。
- 1910年,过快的发展,使公司产生财务危机,杜兰特被免职。
- 1911年,杜兰特创立了雪佛兰汽车公司。通过秘密收购通用汽车公司的股票,1917年再次获得了通用汽车公司的控制权,重新担任公司总裁。
- 1917~1920年,杜兰特又先后购进了17家小汽车公司,4年规模扩大了8倍,但各分公司各自为政,产品重复。一系列的失误,导致了通用公司濒临倒闭。通用汽车公司被杜邦公司收购,杜兰特再次被免职。
- 1923年,著名"经营之神"阿尔弗雷德·斯隆(Alfred Sloan)(图2-3)担任公司总经理,建立了集中制定政策和分散管理模式,提出"为每一个消费者和每一种用途生产一种车"的产品策略,推出新雪佛兰轿车与福特公司轿车相竞争,取得极大成功,1928年成为世界上最大的汽车公司,其国内市场占有率达到43%。斯隆担任通用汽车公司总裁长达23年,为通用公司的发展做出了卓越的贡献,也为全球开创了大集团公司现代管理的先河。

图2-3 阿尔弗雷德·斯隆

- 1925年,并购了沃克斯豪尔汽车有限公司。
- 1929年,收购欧宝公司。
- 1939~1945年,第二次世界大战期间,公司接受了大量军事订货,从而大大地壮大了公司的经济实力。战争期间美国1/4左右的坦克、装甲车和飞机,1/2左右的子弹和步枪,2/3的重型载货汽车均来自通用汽车公司。
- 20世纪50年代末到90年代,由于世界经济危机、石油危机、汽车市场的激烈竞争,使公司"大的就是好的"的汽车设计思想遭到了严重打击,公司投资700亿美元进行设备和产品更新,导致1990~1991年的巨额亏损(1991年亏损近50亿美元),使公司不得不进行大规模调整、改组和裁员。
- 2000年前后,通用公司着眼于向全球市场扩张,包括进军日本(参股五十铃、铃木以及富士汽车公司)、中国(合资上海通用、一汽通用)、韩国(通用大宇)巴西及俄罗斯等国市场。
- 2009年6月1日,通用汽车申请破产保护。7月10日更名为通用汽车有限公司，结束破产保护。
- 2010 年 2 月，通用将萨博汽车品牌卖给荷兰世爵汽车公司。
- 2010 年 2 月 29 日，与法国标致雪铁龙结成联盟。
- 2016 年 1 月，宣布收购共享乘车服务 Sidecar 的技术和资产。
- 2017 年 3 月 6 日，通用宣布将旗下的欧宝和沃克斯豪尔公司以及通用汽车金融欧洲业务转让给标致雪铁龙集团。

### 3. 通用子公司（分部）及其品牌

通用目前的子公司（分部）及其品牌见表 2-1。

表 2-1 通用子公司（分部）及其汽车品牌

| 品牌 | 商标 | 品牌 | 商标 | 品牌 | 商标 | 品牌 | 商标 |
|---|---|---|---|---|---|---|---|
| 凯迪拉克<br>（Cadillac） | | 别克<br>（Buick） | | 雪佛兰<br>（Chevrolet） | | 吉姆西<br>（GMC） | |
| 土星<br>（Saturn） | | 悍马<br>（Hummer） | | 庞蒂克<br>（Pontiac） | | 大宇<br>（Daewoo） | |

（1）凯迪拉克（Cadillac）公司

1）公司创始人：美国人亨利·利兰德（Henry Leland）（图 2-4）。

2）公司创建时间：创建于 1902 年，1909 年被通用公司并购，成为其一个分部。

3）公司商标：百余年来变化达 30 多次。早期公司商标由"冠"和"盾"组成（图 2-5）。其中，"冠"上有 7 颗明珠，象征凯迪拉克的皇家贵族尊贵血统，隐喻汽车高贵、豪华、气派、风度。"盾"象征凯迪拉克团队是一支英勇善战、无坚不摧的英武之师，隐喻其生产的汽车拥有巨大的市场竞争能力。盾上三只没有腿的鸟，表示神圣、智慧、富有和聪敏。"盾"中的红色表示勇猛和赤胆，银色表示婚姻、纯洁、博爱和美德，黄色表示丰收和富有，蓝色表示创新和探险，黑色表示土地。21 世纪初，凯迪拉克再次对徽标进行了一系列令人耳目一新的革新（图 2-6），新徽标色彩明快、轮廓鲜明，突出了凯迪拉克品牌的经典、尊贵和突破精神。

图 2-4 亨利·利兰德

图 2-5 凯迪拉克商标 1

图 2-6 凯迪拉克商标 2

4) 汽车品牌：主要有赛威(Seville)、帝威(Deville)、凯帝(Catera)等，部分历史名车如图 2-7～图 2-11 所示。

图 2-7　1905 年凯迪拉克 Osceola
(4 缸发动机,5 座,木质车身,铝皮包裹)

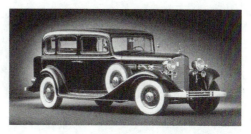

图 2-8　1914 年装有 V8 发动机的凯迪拉克

图 2-9　1927 年凯迪拉克拉赛尔
(La Salle)汽车

图 2-10　1931 年装载 V-16 大排量
发动机的凯迪拉克跑车

图 2-11　1989 款凯迪拉克弗利特伍德
(Fleetwood)礼仪车(长 12.19m)

(2) 别克(Buick)公司

1) 公司创始人：美国人大卫·别克(David Dunbar Buick)(图 2-12)。

2) 公司创建时间：创建于 1903 年。1908 年并入通用汽车公司。

3) 公司商标：别克商标经过多次变化(图 2-13)，目前最新的商标为三把利剑，从左到右为红、白、蓝递升，而且高度节节上升，给人一种积极进取、不断攀登的感

图 2-12　大卫·别克

觉，它表示别克分部采用顶级技术、游刃有余，是无坚不摧、勇于攀登的勇士。

图 2-13　别克商标

a）1905 年　b）1920 年　c）1942 年　d）1959 年　e）最新

4）汽车品牌：主要有世纪（Century）、君威（Regal）、林荫大道（Park Avenue）等历史名车，如图 2-14、图 2-15 所示。

图 2-14　1936 年别克 Roadmaster 汽车　　　图 2-15　1996 年别克林荫大道汽车

(3) 雪佛兰（Chevrolet）公司

1）公司创始人：通用公司创始人威廉·杜兰特和瑞士的赛车手、工程师路易斯·雪佛兰（Louis Chevrolet）（图 2-16）。

2）公司创建时间：创建于 1911 年，1918 年并入通用汽车公司。

3）公司商标：雪佛兰商标是抽象化了的蝴蝶领结（图 2-17），象征雪佛兰汽车的大方、气派和风度。

图 2-16　路易斯·雪佛兰　　　　　图 2-17　雪佛兰商标

4）汽车品牌：主要有卢米娜（Lumina）、卢米娜多用途车（LuminaAPV）、星旅（Astro）、卡玛洛（Camaro）、克尔维特（Corvette）、美宜堡（Malibu）、万程（Venturo）、飞越运动厢体车（TransSport）等历史名车如图 2-18、图 2-19 所示。

图 2-18　1934 年雪佛兰 Suburban Carryall 汽车
（被称为 SUV 的鼻祖,率先采用独立悬架系统,极大地提高了行驶的舒适性）

图 2-19　2007 年雪佛兰 Camaro 跑车

（4）庞蒂克（Pontiac）公司

1）公司创始人：爱德华·墨菲。

2）公司创建时间：创建于 1907 年（奥克兰汽车公司）。1908 年并入通用公司成为奥克兰分部，1932 年改名为庞蒂克分部。

3）公司商标：由"PONTIAC"（庞蒂克）和带十字标记的箭头组成（图 2-20）。十字形标记表示庞蒂克是通用汽车公司的重要成员，也象征庞蒂克汽车安全可靠；箭头则代表庞蒂克的技术超前和攻关精神。

图 2-20　庞蒂克商标

4）汽车品牌：主要有太阳火（Sunfire）、博纳威（Bonneville）、格兰艾姆（Grandam）以及火鸟（Firebird）等历史名车如图 2-21、图 2-22 所示。

图 2-21　1926 年庞蒂克轿车——
"六缸之冠"

图 2-22　1967 年运动型轿车——
"火鸟"（Firebird）

(5) 土星（Saturn）公司

1) 公司创建时间：1985年，它是通用汽车公司唯一从内部建立起来的分部，以抵御外国轿车大规模进入美国市场。

2) 土星商标：由图形和文字组成（图2-23）。Saturn是土星的英文名。图形是在红色背景前的土星两条轨迹，给人一种高科技、新观念、超时空的感觉，寓意土星汽车技术先进、设计超前且最具时代魅力。

3) 汽车品牌：主要有豪华轿车SL、旅行轿车SW和跑车SC（图2-24）。

图2-23　土星商标

图2-24　1999年土星SC三门跑车

(6) 通用公司其他汽车品牌与合作伙伴

1) 悍马（Hummer）：美国AMG汽车公司以生产悍马（Hummer）汽车而扬名世界（图2-25）。其创始人是一位自行车制造商乌特，1903年成立越野汽车部。几经易手，通用汽车公司从AMG汽车公司得到了悍马的商标使用权和生产权。悍马H2是在通用旗下诞生的第一辆悍马。悍马以其霸气、强悍、富有冒险精神的品牌形象高居越野车市场之首。

图2-25　悍马H2汽车

2) 吉姆西（GMC）：通用载货车公司，成立于1911年，以生产皮卡为主。其主要品牌有吉米（Jimmy）、喜来皮卡（Sierra Pickup）、迅马皮卡（Sonoma Pickup）等。

3) 霍尔登（Holden）：1931年，通用收购澳大利亚的霍尔登（Holden）汽车公司，与通用澳大利亚分公司合并成通用-霍尔登汽车公司。霍尔登汽车品牌在澳大利亚颇受欢迎。

4) 大宇（Daewoo）：大宇汽车公司是韩国第二大汽车生产企业，1967年由金宇中创建，总部在韩国首尔，主要产品以轿车和货车为主。由于经营不利，于2000年11月8日正式宣布破产。2002年10月，通用公司接手大宇，成立通用大宇汽车科技公司，被通用汽车公司定为全球小型轿车开发基地。大宇商标（图2-26）是正在开放的花朵组成的椭圆，像高速公路大"动脉"向未来无限延伸，椭圆代表世界。中部5个蓝色的实体条纹和之间的6条白色条纹,表示大宇在众多领域无限发展的潜力,蓝色代表年轻、活泼,白色代表同心协力和牺牲精神。整个标志表现了大宇家族的未来和发展意志,充满智慧、创造、挑战、牺牲的企业精神,表现出大宇集团的风范。通用大宇商标(图2-27)则更简洁明快。

图2-26 大宇商标　　　　　　　　图2-27 通用大宇商标

5)其他:通用汽车公司还与日本的丰田、铃木、五十铃、富士重工,德国的戴姆勒·克莱斯勒、宝马,法国的雷诺,中国的上汽,俄罗斯的AVTOVAZ等汽车公司开展合作,生产、销售汽车。

### 2.1.2 福特汽车公司(Ford Motor Company)

#### 1. 公司简介

福特汽车公司创立于1903年,创始人亨利·福特(Henry Ford)(图2-28),总部在美国汽车之城底特律。

2016年汽车销量665.1万辆,居世界第6。

福特公司商标采用蓝底白字,选用艺术化的"福特"英文字母(图2-29),形似一只活泼可爱、充满活力的小白兔奔向前方,以象征福特汽车奔驰在世界各地,令人爱不释手。福特生前十分喜爱动物,商标设计也暗示了福特对动物的宠爱。

图2-28 亨利·福特

图2-29 福特汽车公司商标

#### 2. 公司发展简史

- 1903年,亨利·福特和11个股东用28000美元共同创立了福特汽车公司。
- 1908年,福特汽车公司成功开发了举世闻名的"T"型车,共生产1546万辆,创下当时汽车单产世界纪录。
- 1913年,建成了世界上第一条汽车流水生产线。
- 1922年,福特汽车公司收购了"林肯"品牌。
- 1927年,由于福特故步自封,坚持单一车型,无视富裕了的美国人民的需求,没有进一步推出新的车型,使汽车市场占有率从最高时期的70%下降到不足20%,"T"型车被迫停产,福特全国各地的工厂关闭半年。
- 1987年,收购阿斯顿·马丁汽车公司,2007年转售出去。

- 1989年，福特收购捷豹汽车公司。2008年，捷豹品牌被印度塔塔集团收购。
- 1995年，福特公司参股中国江铃汽车公司。
- 1996年，收购马自达的股份扩大到33.4%，成为马自达最大的股东。
- 1999年，收购沃尔沃轿车业务。2010年3月，中国吉利汽车集团收购沃尔沃轿车100%股权。
- 2000年，福特从宝马手中收购路虎品牌。2008年，路虎品牌被印度塔塔集团收购。
- 2001年4月，福特公司参股中国长安汽车集团。

### 3. 公司主要汽车品牌

福特汽车公司现主要汽车品牌见表2-2。

表2-2　福特汽车公司现主要汽车品牌

| 品牌 | 商标 | 品牌 | 商标 | 品牌 | 商标 | 品牌 | 商标 |
| --- | --- | --- | --- | --- | --- | --- | --- |
| 福特（Ford） |  | 林肯（Lincoln） |  | 水星（Mercury） |  | 马自达（Mazda） |  |

#### （1）福特（Ford）

1）汽车品牌：主要有T型车（Model T）、雷鸟（Thunderbird）、野马（Mustang）、全顺（Transit）、福克斯（Focus）等。其中，福克斯汽车（图2-30）是福特汽车公司1999年重点推介的产品。

2）福特·野马和野马·眼镜蛇商标："野马"牌跑车是美国名牌跑车，商标为一匹正在奔驰的野马（图2-31a），表示该车的速度极快。眼镜蛇跑车由野马跑车改装而成，野马商标仍在车的前部，眼镜蛇商标在前部侧面（图2-31b），像是眼镜蛇在追击，野马不得不急驰，形容跑车速度之快，给人留下极深的印象。

图2-30　福特福克斯汽车

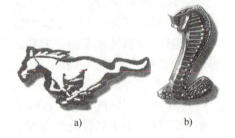

图2-31　福特·野马和野马·眼镜蛇商标

(2) 林肯(Lincoln)汽车公司

1) 1907 年由亨利·利兰(Henry Leland)创立，1922 年被福特汽车公司收购。

2) 林肯汽车商标：林肯是美国第 16 任总统的名字，公司借助总统的名字来树立公司的形象。林肯商标(图 2-32)是一个矩形和其中一颗闪闪放光的星辰，表示林肯总统是美国联邦统一和废除奴隶制度的启明星，也喻示林肯轿车光辉灿烂的前景和顶级轿车的地位。

3) 汽车品牌：主要有城市(Town Car)、领航者(Navigator)、飞行家(Aviator)和 LS 等(图 2-33)。

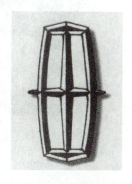

图 2-32　林肯商标

图 2-33　1967 年林肯大陆轿车

(3) 水星(Mercury)

1) 水星品牌是福特汽车公司 1935 年开发的中档汽车品牌，它一直是创新和富有个性的美国车的代表。

2) 水星商标(图 2-34)：取意太阳系中的水星，在一个圆中有三个行星运行轨迹，让人联想到福特汽车具有太空科技和超时空的创造力。

3) 汽车品牌：主要有 Cougar、Sable、Villager、Mountainer、Mystique、Grand-Marquis、Puma 等。

(4) 马自达(Mazda)公司

1) 日本马自达公司成立于 1920 年，创始人是松田，其拼音为 MAZDA(马自达)。1984 年，公司正式更名为马自达汽车公司。1979 年福特汽车公司购买了该公司 25% 的股份，1996 年福特汽车公司的股份扩大到 33.4%，成为马自达最大的股东。

2) 马自达商标(图 2-35)：是椭圆中展翅飞翔的海鸥，同时又组成"M"字样。"M"是"MAZDA"第一个大写字母，预示该公司将展翅高飞，以无穷的创意和真诚的服务迈向新世纪。

图 2-34　水星商标

3）汽车品牌：主要有 Miata、323、626、Millenia、RX-8、Econovan、Premio、MX 系列等。马自达多用途汽车如图 2-36 所示。

### 2.1.3 克莱斯勒汽车有限公司（Chrysler Corporation）

#### 1. 公司简介

克莱斯勒汽车公司成立于 1925 年，创始人是瓦尔特·克莱斯勒（图 2-37），总部在美国汽车之城底特律，是美国第三大汽车公司。2014 年公司被菲亚特集团收购。

图 2-35　马自达商标

图 2-36　马自达多用途汽车

图 2-37　瓦尔特·克莱斯勒

#### 2. 公司发展简史

- 1925 年，公司成立。同年，买下马克斯韦尔汽车公司。
- 1928 年，成立普利茅斯（Plymouth）部，生产低档经济轿车。
- 1928 年 7 月，收购了道奇（Dodge）汽车公司。
- 1987 年，兼并了美国汽车公司（AMC），成立鹰·吉普部（Eagle Jeep）。
- 1998 年 5 月 7 日，与奔驰公司合并成立了戴姆勒-克莱斯勒汽车公司。
- 2009 年 4 月 30 日，宣布破产。
- 2014 年 1 月 21 日，菲亚特收购克莱斯勒 100% 股权。
- 2014 年 12 月 16 日，克莱斯勒改名为 FCA（菲亚特克莱斯勒汽车公司）美国有限责任公司。

#### 3. 主要汽车品牌

公司主要汽车品牌见表 2-3。

表 2-3　克莱斯勒汽车公司组成

| 子公司（分部） | 商标 | 子公司（分部） | 商标 |
| --- | --- | --- | --- |
| 克莱斯勒（Chrysler） |  | 道奇（Dodge） |  |
| 鹰·吉普（Eagle-Jeep） |  | 普利茅斯（Plymouth） |  |

### 4. 子公司(分部)及汽车品牌简介

(1) 克莱斯勒(Chrysler)

1) 商标：早期商标像五角星勋章(图 2-38 左)，体现了克莱斯勒人的远大抱负，正五边形被五角星分割成 5 个部分，喻意克莱斯勒的汽车遍布亚、非、欧、美、大洋五大洲。1997 年经过重新设计的克莱斯勒飞翼商标(图 2-38 右上)增加了一对跃跃欲飞的翅膀，象征着克莱斯勒的欣欣向荣。2009 年变更为三层羽翼合一(图 2-38 右下)，强化了金属感和鲜明感。

2) 汽车品牌：主要有 PT Cyuiser、LHS、君王(Concorde)、赛百灵(Sebring)、纽约客(New Yorker)、卷云(Cirrus)等中高档轿车，300C、300M、300Hime 等系列运动型高级轿车，交叉火力(Cross Fire)、Citadel 时尚跑车，大捷龙(Grand Voyager)(图 2-39)、城市和乡村(Town & Country)等著名的高档 MPV。到 2004 年为止，克莱斯勒 MPV 系列车型的销售已经突破 1000 万辆大关。

图 2-38 克莱斯勒公司商标

图 2-39 克莱斯勒大捷龙汽车

(2) 道奇(Dodge)公司

1) 1914 年，道奇兄弟约翰·道奇(图 2-40a)和霍瑞斯·道奇(图2-40b)创建道奇公司。1928 年，克莱斯勒公司收购了道奇兄弟公司。

2) 道奇商标：商标在一个五边形中有一神气羊头形象(图 2-41)，表示道奇汽车强壮剽悍、善于决斗，另一方面，又表示道奇汽车朴实无华的平民倾向。

图 2-40 道奇兄弟

图 2-41 道奇商标

3) 汽车品牌：主要有超级跑车蝰蛇(Viper)、无畏(Interpid)、隐形(Stealth)、小精灵(Spirit)、影子(Shadow)、霓虹(Neon)。历史名车超级跑车蝰蛇汽车(图2-42)的商标是一个张着血盆大口的蝰蛇(图2-43)，象征道奇汽车像蝰蛇一样威猛无比。

图 2-42　道奇蝰蛇汽车

图 2-43　蝰蛇商标

(3) 普利茅斯(Plymouth)

1) 商标(图2-44)：该商标是为了纪念第一批英国清教徒在1620年乘坐"五月花"号船自Plymouth港口登陆而设计的。商标中采用了他们所乘坐的帆船——"珠夫拉瓦"号的船形图案。

2) 汽车品牌：普利茅斯主要生产价格低廉的克莱斯勒道奇的车型。

图 2-44　普利茅斯商标

(4) 鹰·吉普(Eagle-Jeep)

1) 1987年，克莱斯勒汽车公司收购了美国汽车公司(AMC)，成立了鹰·吉普部。该部生产的切诺基吉普车性能优越。

2) 鹰·吉普商标：呈雄鹰展翅状(图2-45)。鹰在美国被誉为神鸟，也是对著名战斗机飞行员的俚称。用鹰比喻该部具有雄鹰的优秀品质，能迎风斗险、勇攀技术高峰。

汽车品牌：主要有牧马人(Wrangler)、切诺基(Cherokee)、自由(Liberty)、大切诺基(Grand Cherokee)。"切诺基"取自美洲印第安部族切诺基人(他们世代居住山区,能攀善爬)，表示该车越野性能好。大切诺基汽车如图2-46所示。

图 2-45　鹰·吉普商标

图 2-46　大切诺基汽车

## 任务 2.2　欧洲主要汽车工业集团探究

欧洲是汽车的发源地，初期也出现众多的汽车企业，仅法国就出现过 300 多家汽车企业，规模都很小。在竞争中，大部分小型企业被逐步淘汰，几个主要汽车集团得到了发展和壮大。

### 2.2.1　戴姆勒-奔驰汽车有限公司

**1. 公司简介**

奔驰汽车公司和戴姆勒汽车公司是世界上成立最早的两家汽车公司，分别成立于 1887 年和 1890 年。1926 年两公司合并改名为戴姆勒-奔驰汽车公司，总部在斯图加特。

戴姆勒-奔驰汽车公司在德国国内有 6 个子公司，国外有 23 个子公司，雇员 18.5 万人。2016 年，其汽车销量约 300 万辆，比 2015 年增长 5.1%。

**2. 公司商标**

（1）奔驰商标　在两个嵌套的圆之间加月桂枝树叶（图 2-47），像一顶桂冠，代表优异成功、荣誉和辉煌，喻示奔驰公司在汽车领域独占鳌头，独夺"桂冠"。

（2）戴姆勒商标　是一个圆环围着一颗三叉星（图 2-48）。三叉星形似简化了的汽车转向盘，表示在陆海空领域全方位的机动性；圆环显示其汽车营销全球的发展势头。戴姆勒与奔驰公司合并后，也常以该商标作为公司商标。

（3）奔驰-戴姆勒商标　由奔驰和戴姆勒商标组合而成（图 2-49），也有用图 2-48 所示商标作为公司商标。

图 2-47　奔驰商标　　　　图 2-48　戴姆勒商标　　　　图 2-49　奔驰-戴姆勒商标

**3. 公司发展简史**

- 1887 年，奔驰汽车公司成立。
- 1890 年，戴姆勒汽车公司成立。
- 1926 年，奔驰与戴姆勒两家公司合并，改名为戴姆勒-奔驰公司。
- 1954 年，推出 300 SL "鸥翼"式汽车。如图 2-50 所示为 1956 年产品，折叠式硬篷，铝制的轻型车身，率先使用当时世界最先进的电子汽油喷射系统，独立操纵控制等。

- 1969年，戴姆勒-奔驰汽车公司推出了C111汪克尔发动机汽车（图2-51），采用旋转三角活塞。

图2-50　奔驰300SL轿车

图2-51　C111汪克尔发动机汽车

- 1998年，戴姆勒-奔驰汽车公司又与克莱斯勒汽车公司合并，成立戴姆勒-克莱斯勒汽车公司，开创了世界大汽车集团跨国合并的先例。
- 2007年，戴姆勒-奔驰和克莱斯勒集团分开各自独立经营，公司更名为戴姆勒股份公司。
- 2018年2月23日，吉利集团收购了戴姆勒9.69%的股份，成为奔驰母公司戴姆勒的最大股东。

### 4. 公司汽车品牌

公司主要汽车品牌有梅赛德斯-奔驰、迈巴赫、精灵等。

(1) 梅赛德斯-奔驰（Mercedes-Benz）

1）梅赛德斯-奔驰汽车已经发展成为目前的13个系列，共122个品种。

2）奔驰轿车共分A级（微型轿车）、C级（小型轿车）、E级（中型轿车）、S级（大型豪华轿车）四大类别；型号以发动机排量区别，例如C200型轿车的发动机排量是1998mL、C250D型轿车的发动机排量是2479mL，D指柴油发动机。

3）跑车系列有SLK、CLK、SL、CL。

4）多用途厢体系列有M级和V级车等。

(2) 迈巴赫（Maybach）　迈巴赫（Maybach）是戴姆勒汽车公司的创始人之一，曾担任公司总工程师。其品牌是戴姆勒-奔驰汽车公司的超豪华顶级轿车。商标由两个交叉的M围绕在一个球面三角形上组成（图2-52），两个M是迈巴赫汽车（Maybach Motorenbau）的缩写。

图2-52　迈巴赫商标

(3) 精灵（Smart）　精灵汽车是由奔驰汽车公司和瑞士钟表巨子Swatch公司共同开发的超微型车（图2-53）。Smart汽车的外形像一个大玩具车，有人称为"卡通车"。

图2-53　奔驰精灵汽车

### 2.2.2 宝马汽车集团(Bayerische Motoren Werke)

#### 1. 公司简介

1）德国的宝马汽车公司成立于1916年，总部在慕尼黑，创始人是工程师卡尔·拉普和古斯坦·奥托（其父是四冲程内燃机发明人奥托）。宝马公司目前在世界13个国家设有子公司和生产厂，在德国国内有10家子公司。2016年，其汽车销量为236.36万辆，排名世界高档车市场第一。

图 2-54　宝马商标

2）公司商标(图2-54)：采用宝马公司名称BMW和飞机螺旋桨图案，蓝色代表蓝天、白色代表白云，飞机螺旋桨表示宝马公司过去在航空发动机技术方面的领先地位。

#### 2. 公司发展简史

- 1916年，宝马汽车公司前身——巴依尔飞机制造厂成立。1917年，公司更名为宝马(BMW)公司。
- 1939年，推出宝马328型跑车(图2-55)，该车采用流线造型，身段优美，赢得了当时"巴洛克天使"的美名。其极速高达160km/h，是当时速度最快的跑车，很受欢迎。

图 2-55　1939年宝马328型跑车

- 1977年，推出世界著名的宝马7系列豪华汽车(图2-56)。
- 1998年，购买劳斯莱斯商标和标志，并与大众签订协议，宝马从2003年开始生产劳斯莱斯牌轿车。
- 1999年，推出最新宝马8系列豪华汽车。
- 2005年，推出宝马H2R燃料电池汽车(图2-57)，最高速度为302.4km/h，0～100km/h加速时间6s左右。
- 2018年7月10日，宝马集团作为理事会成员加入百度阿波罗（Apollo）开放平台，在自动驾驶领域建立合作伙伴关系。

图 2-56　宝马7系列

图 2-57　宝马H2R燃料电池汽车

#### 3. 公司汽车品牌

公司汽车品牌见表2-4。

表 2-4　宝马汽车公司组成

| 子公司 | 商标 | 子公司 | 商标 | 子公司 | 商标 | 子公司 | 商标 |
|---|---|---|---|---|---|---|---|
| 宝马<br>（BMW） | BMW | 迷你<br>（Mini） | MINI | 劳斯莱斯<br>（ROLLS-ROYCE） | RR | 奥斯汀<br>（Austin） | AUSTIN ROVER |

(1) 宝马(BMW)汽车公司　主要汽车品牌有宝马 3、5、7 和 8 系列豪华小轿车。

(2) 劳斯莱斯(ROLLS-ROYCE)汽车公司

1）1906 年，劳斯莱斯汽车公司成立，创始人是劳斯(ROLLS，英国汽车商)和莱斯(ROYCE，英国汽车工程师)（图 2-58），由劳斯负责投资营销，莱斯提供发明专利。1998 年 6 月，劳斯莱斯汽车公司被德国大众汽车公司收购。1998 年 7 月，宝马汽车公司出资 4 000 万英镑购买劳斯莱斯商标和标志，从 2003 年开始生产劳斯莱斯牌轿车。

2）公司商标：劳斯莱斯商标为双 R（图 2-59），是劳斯(ROLLS)与莱斯(ROYCE)的第 1 字母，两个字母交叉表示你中有我，我中有你，团结奋斗，携手共进。劳斯莱斯的另一个传统标志是具有古典风格的"飞翔女神"雕像（图 2-60），雕像身披轻纱，两臂后伸，体态轻盈、风姿绰约。当时的总经理约翰逊撰文称："这是一位优雅无比的女神，她代表着人类的崇高理想和生活的欣狂之魂，她将旅途视为至高无上的享受"。

图 2-58　劳斯与莱斯

3）汽车品牌：劳斯莱斯汽车以外形独特、古色古香、性能优越著称于世，是当今世界最豪华、最尊贵的汽车，被誉为帝王之车。由于被英国多位女王所选用，所以也被誉为"女王车"。图 2-61 所示为 2003 年的劳斯莱斯幻影汽车。

图 2-59　劳斯莱斯商标

图 2-60　劳斯莱斯标志

图 2-61　劳斯莱斯幻影汽车

(3) 奥斯汀(Austin)与迷你(Mini)　1905 年，英国人赫伯特·奥斯汀(Herbert Austin)创建了奥斯汀汽车厂。1952 年，奥斯汀与莫里斯(Morris)等 5 个汽车厂合并组成英国汽车公司(British Motor Corporation, BMC)。其商标如图 2-62

所示。1959 年，英国汽车公司推出著名的"迷你"（Mini）型微型汽车（图2-63）。其商标如图 2-64 所示。1969 年，BMC 公司与罗孚汽车公司合并为罗孚汽车公司。1994 年，宝马汽车公司收购了罗孚汽车公司。2000 年，宝马汽车公司出售罗孚汽车公司的资产，只留下了 MINI 一个品牌。

图 2-62　BMC 商标

图 2-63　Mini 型微型汽车

图 2-64　迷你商标

### 2.2.3　大众汽车公司（Volkswagen Werk AG）

**1. 公司简介**

德国的大众汽车公司成立于 1938 年，创始人是世界著名的汽车设计大师费迪南德·保时捷（Ferdinand Porsche）（图 2-65），公司总部在德国汽车城沃尔夫斯堡。大众汽车公司是欧洲最大的汽车生产集团，现有雇员 32.68 万人，在世界 22 个国家有 29 家子公司和合资公司。2016 年，大众汽车公司的汽车销量为 1031.2 万辆，世界排名第 1。

大众公司商标采用德文 Volkswagen Werk（大众公司）的首字母，"V"在上，"W"在下，又像 3 个"V"（图 2-66），表示公司产品"必胜—必胜—必胜"。大众汽车顾名思义是为大众生产的汽车。大众商标简洁、鲜明，令人过目不忘。

图 2-65　费迪南德·保时捷

图 2-66　大众商标

## 2. 发展简史

- 1938 年,大众公司成立。
- 1964 年,收购德国的奥迪汽车公司。
- 1983 年,德国大众汽车公司买下了西亚特的大部分股份,使西亚特成为属于大众汽车公司的子公司。
- 1991 年,收购斯柯达。
- 1998 年,收购了布加迪、兰博基尼、宾利、劳斯莱斯(2002 年 12 月 31 日后归宝马公司),成为欧洲第一大汽车公司。
- 2009 年 5 月 7 日,并购保时捷汽车公司。

## 3. 主要汽车品牌

大众汽车集团主要品牌见表 2-5。

表 2-5　大众汽车集团主要汽车品牌

| 品牌 | 商标 | 品牌 | 商标 | 品牌 | 商标 |
| --- | --- | --- | --- | --- | --- |
| 大众(Volkswagen) |  | 奥迪(Audi) |  | 兰博基尼(Lamborghini) |  |
| 宾利(Bentley) |  | 保时捷(Porsche) |  | 西亚特(Seat) |  |
| 斯柯达(Skoda) |  | 布加迪(Bugatti) |  | 斯堪尼亚(Scania) |  |

(1) 大众汽车品牌　主要有甲壳虫(Beetles)、波罗(Polo)、高尔夫(Golf)、帕萨特(Passat)、捷达(Jetta)、桑塔纳(Santana)、卡尔维拉小客车(Bus-Caravelle)、文托(Wento)、夏朗(Sharan)、宝来(Bora)、路波(Lupo)和辉腾(Phaeton)等。

1) 甲壳虫汽车(图 2-67)于 1933 年投产,至 1978 年共生产 2150 万辆,打破了福特 T 型车的世界纪录。目前在生产的甲壳虫汽车为 2008 款新甲壳虫汽车(图 2-68)。

2) 高尔夫(Golf)轿车(图 2-69):1973 年开发,迄今已生产第五代,生产量超过 2 500 多万辆,创单一车型产量世界纪录;高尔夫车款多达二十多种,其车厢十分牢固,空间宽敞,且行驶性能安全可靠。

3) 路波(Lupo)轿车：1998年推出，是大众品牌系列中的小型家庭用车，最著名的车型是1.2L柴油机轿车(图2-70)，其百公里耗油仅约3L，誉满全球，被称为"3升路波"。

图2-67  1933年甲壳虫汽车

图2-68  2008款新甲壳虫汽车

图2-69  高尔夫轿车

图2-70  路波柴油轿车

4) 桑塔纳(Santana)轿车(图2-71)：德国大众汽车公司在美国生产的品牌车。

5) 辉腾(Phaeton)汽车：大众汽车公司2002年新推出的顶级旗舰产品。如图2-72所示为2007款的配V6TDI发动机的辉腾汽车，满足欧V标准。

图2-71  桑塔纳轿车

图2-72  2007款辉腾汽车

(2) 奥迪(Audi)汽车公司

1) 1932年，奥迪(Audi)、霍尔茨(Horch)、漫游者(Wanderer)和蒸汽动力车辆厂(DKW)四家公司联合成立了汽车联盟股份公司(Audi Auto Union AG)。1964年该公司被大众汽车公司收购。

2) 公司商标是四个半径相等的连环圆圈(图 2-73),表示当初公司是由四家公司合并而成,如兄弟手挽手,平等、互利、协作,意味着"团结就是力量"。

3) 汽车品牌:主要有 A3、A4、A6、A8 系列和敞篷车及运动车系列。奥迪 A4 轿车(图 2-74)是一种中高档轿车,其销售量在全德国一直位居中型轿车销售排行榜的首位。

图 2-73　奥迪商标

图 2-74　奥迪 A4 轿车

(3) 宾利(Bentley)汽车公司

1) 宾利汽车公司(Bentley Motors Ltd.)原来是英国一家独立的汽车公司,建于 1919 年,创始人是沃尔特·欧文·宾利(Walter Owen Bently)(图 2-75),1931 年被劳斯莱斯汽车公司收购。1999 年,宾利成为大众集团的一个品牌。

2) 公司商标:是以公司名的第一个字母"B"为主体,生出一对翅膀(图 2-76),似凌空翱翔的雄鹰,喻示着宾利汽车公司在全球范围内的飞跃发展。

图 2-75　沃尔特·欧文·宾利

图 2-76　宾利商标

3) 汽车品牌:宾利汽车一直以千锤百炼的工艺和完美无瑕的品质占据着豪华汽车的榜首。手工精制是宾利最引以为自豪的传统。每辆宾利汽车要花上 16~20 星期才能完成,绝大部分的工匠都有 20 年以上的丰富经验。每辆汽车的喷漆程序要经过 120 个独立步骤,所有车身油漆都经过 15 次喷漆处理,出厂前的最后打蜡及抛光程序就得专人人工打磨 10h 才能完成,品质严谨程度堪称世界汽车之冠。汽车品牌主要有雅致(Arnage)、皇室御驾(State Limousine)、欧陆 GT(Continental GT)、Blower 和 Brooklands 等(图 2-77～图 2-80)。

图 2-77　宾利 Blower 汽车

图 2-78　宾利 Arnage T 汽车

图 2-79　宾利皇室御驾汽车

图 2-80　欧陆 GT Speed(极速为 322km/h)汽车

(4) 兰博基尼(Lamborghini)汽车公司

1) 兰博基尼汽车公司原来是意大利超级跑车制造商,创建于 1963 年,创始人是弗鲁西欧·兰博基尼(Ferruccio Lamborghini)(图 2-81),因生产 V12 发动机而成名。1998 年被大众汽车公司的奥迪子公司收购。

2) 商标:是一头蛮劲十足的斗牛,正准备向对手发动猛烈的攻击(图 2-82)。据说公司创始人兰博基尼就是这种不甘示弱的牛脾气,该商标也体现了兰博基尼汽车大功率和高速的运动型轿车的特点。

图 2-81　弗鲁西欧·兰博基尼

3) 主要汽车品牌:有康塔什(Countach)、米拉(Miura)、Diablo、巨兽 Murcielago 等系列跑车。兰博基尼 V12 巨兽 Murcielago 汽车(图 2-83)采用 12 缸发动机,排量为 6.2L,最大功率高达 427kW,最高时速超过 337km,0～100km/h 的加速时间仅需 2.8s。

图 2-82　兰博基尼商标

图 2-83　兰博基尼 V12 巨兽 Murcielago 汽车

（5）保时捷（Porsche）公司

1）基本情况：保时捷公司的创始人是费迪南德·保时捷（Porsche），又译作费迪南德·波尔舍。1900 年，保时捷公司推出第一辆双座电动跑车罗纳尔-保时捷（Lohner-Porsche）（图 2-84）轰动世界。1931 年 3 月 6 日，保时捷公司在斯加图特建立了一家设计公司，专门开发汽车、飞机及轮船的发动机，并以生产赛车闻名于世。其设计的赛车多次在世界汽车比赛中得奖，其生产的保时捷 911 汽车特别受欢迎。

2）公司商标（图 2-85）：商标图形采用公司所在地斯图加特市的盾形市徽，上面是保时捷的姓氏"PORSCHE"；商标中间是一匹骏马，表示斯图加特盛产一种名贵种马，喻示保时捷汽车的出类拔萃；商标的左上方和右下方是鹿角的图案，表示斯图加特曾是狩猎的好地方；商标右上方和左下方的黄色条纹代表成熟的小麦的颜色，喻指五谷丰登；商标中的黑色代表肥沃土地，红色象征人们的智慧和对大自然的钟爱，展现了保时捷公司辉煌的过去，预示了保时捷公司美好的未来。

图 2-84　第一辆电动跑车罗纳尔-保时捷汽车

图 2-85　保时捷商标

3）公司汽车品牌：保时捷公司以生产高性能赛车闻名于世。1948年，保时捷公司推出保时捷356（图2-86），该车拥有轻巧的车身、低风阻系数、灵活的操纵性能及气冷式发动机。1963年，保时捷公司推出保时捷911（图2-87）。1970年，保时捷公司推出保时捷917（图2-88）。1974年，保时捷公司推出保时捷911 turbo（930款）（图2-89），掀开了保时捷历史的新纪元。它采用5.4L水平对置12缸废气增压发动机，在转速为7 800r/min时产生808.5kW的功率，极速可达到400km/h左右，从静止加速到100km/h仅需2.1s。1982年，保时捷公司推出保时捷956（图2-90），连续四年夺得勒芒24h

图2-86　1948年保时捷356汽车

图2-87　1963年保时捷911汽车

耐力赛冠军，在1983年一举包揽前10名中的9个名次，书写了辉煌战绩。保时捷956的座舱造型与战斗机非常相似，整个车身也仿佛是一片平直的机翼。2010年，保时捷公司推出保时捷911 Turbo旗舰车跑车（图2-91），搭载3.8L水平对置发动机，采用燃油直接喷射以及可变几何涡轮增压器，其最大输出功率可达368kW，配备PDK双离合变速器，从静止加速到100km/h仅需3.4s，最高车速达312km/h，百公里油耗仅为11.4~11.7L。

图2-88　1970年保时捷917汽车

图2-89　1974年保时捷911 turbo汽车

(6) 斯柯达（Skoda）汽车公司

1）捷克斯柯达汽车公司是由创建于1895年的L&K公司和斯柯达·佩尔森（Skoda Pilsen）集团合并而成的。1991年，斯柯达公司被德国大众汽车集团并购。

图 2-90　1982 年保时捷 956 汽车　　　图 2-91　2010 年保时捷 911 Turbo 旗舰车跑车

2) 公司商标：在银色底子上有一支绿色带翅膀的箭，四周环绕着黑色缎带，缎带底部装饰着象征优胜和荣誉的月桂树叶（图 2-92）。巨大的圆环象征着斯柯达为全世界无可挑剔的产品；鸟翼象征着技术进步的产品行销全世界；向右飞行着的箭头象征着先进的工艺和该公司无限的创造性；外环中朱黑的颜色象征着斯柯达汽车公司百余年的传统；中央铺着的绿色，则表达了斯柯达汽车公司对资源再生和环境保护的重视。

3) 主要汽车品牌：有明锐（Octavia）、法比亚（Fabia）、速派（Superb）等。历史名车有 1924 年生产的豪华车 Hispano Suiza 汽车（图 2-93），这是当时世界上最贵的汽车，它的底盘价格比当时的劳斯莱斯还贵。

图 2-92　斯柯达商标　　　　　图 2-93　斯柯达 Hispano Suiza 汽车

(7) 布加迪（Bugatti）汽车公司

1) 意大利布加迪汽车公司创建于 1909 年，创始人是埃多尔·布加迪（Ettoren Bugatti）。1998 年被大众汽车公司收购。

2) 公司商标（图 2-94）：英文字母即创始人布加迪，上部 EB 为埃多尔·布加迪（Ettoren Bugatti）英文拼音的缩写，周围一圈小圆点象征滚珠轴承，底色为红色。

3) 汽车品牌：布加迪的 T 系列轿车和 ID、EB 系列跑车都是精品之作，有的只限量生产几辆，有的打破

图 2-94　布加迪商标

世界车速纪录。部分布加迪历史名车如图 2-95~图 2-98 所示。其中，2004 年推出的布加迪 EB16.4 Veyron（威龙）汽车的最高车速为 405.7km/h，0~100km/h 加速时间为 2.9s，打破当时世界汽车纪录，每辆售价约 120 万美元，是世界上最贵的汽车。

图 2-95　1938 年布加迪 Type57 SC Atlantic Coupe 汽车

图 2-96　1990 年 ID90 Concept 汽车

（8）西亚特（Seat）汽车公司

1）西亚特（Seat）汽车公司是西班牙最大的汽车公司，1950 年成立于巴塞罗那。1990 年，德国大众获得西亚特的全部股权，使西亚特成为大众汽车公司的子公司。

2）西亚特商标（图 2-98）：由厂名 SEAT 和图标组成，车标就是一个大写的、艺术化的"S"。图标以大红色做底，"S"字母呈中空状态，看似一只欲展翅腾飞的火凤凰，喻示着西亚特汽车的灵活和动力，能适应时代发展、随时把握时代动向，永不落伍。

图 2-97　2004 年布加迪威龙汽车

图 2-98　西亚特商标

3）汽车品牌：主要有伊比萨（Ibiza）、阿罗莎（Arosa）、图雷多（Toledo）、科多巴（Cordoba）、利昂（Leon）及西亚特 Tribu、Cupra（图 2-99）、Proto C、Barcelona 等。

#### (9) 斯堪尼亚(Scania)公司

1) 斯堪尼亚(Scania)公司创办于1891年，1969年与萨博(Saab)公司合并成立萨博-斯堪尼亚有限公司，2008年被大众汽车公司收购。

斯堪尼亚公司是世界领先的重型货车和大型巴士以及工业发动机制造商之一，全球拥有30 000名雇员。

图2-99　西亚特Cupra汽车

2) 公司商标(图2-100)：斯堪尼亚公司商标是狮身鹰面兽。在古代神话中，狮身鹰面兽一直都是最强大的动物的象征，是各种神氏的坐骑，象征力量、速度、敏捷和勇气，喻示公司生产的汽车性能优越。

3) 汽车品牌：公司以生产重型货车和大型巴士闻名，2007年，推出了未来巴士，使用乙醇燃料；其新款R系列重型货车荣膺"2010年欧洲年度卡车"大奖。

图2-100　斯堪尼亚商标

### 2.2.4　雷诺-日产-三菱联盟

#### 1. 联盟简介

1999年3月，法国雷诺汽车公司通过收购股份成为日产的第一大股东，并和日产汽车公司结为战略联盟。雷诺-日产联盟2016年的汽车销量为996.1万辆，世界排名第4。2016年5月，日产汽车公司收购三菱公司34%股权，形成雷诺-日产-三菱联盟，该联盟2017年汽车销量1061万辆，世界排名第2。

#### 2. 子公司(分部)及汽车品牌简介

雷诺-日产-三菱联盟的汽车品牌见表2-6。

表2-6　雷诺-日产-三菱联盟组成

| 子公司 | 商标 | 子公司 | 商标 | 子公司 | 商标 |
| --- | --- | --- | --- | --- | --- |
| 雷诺(Renault) |  | 日产(Nissan) | NISSAN | 英菲尼迪(Infiniti) |  |
| 三星(3-Star) |  | 达西亚(Dacia) | UAP | 三菱(Mitsubishi) |  |

#### (1) 雷诺(Renault)汽车公司

1) 法国雷诺汽车公司成立于1898年，创始人是路易斯·雷诺(Louis Renault)(图2-101)和他的两个兄弟。

2) 公司商标：是三个菱形拼成的图案，如图 2-102a 所示，象征雷诺三兄弟与汽车工业融为一体，表示"雷诺"能在无限的(四维)空间中竞争、生存、发展。1992 年，其商标改为三个菱形合一，如图 2-102b 所示。

3) 汽车品牌：主要有梅甘娜(Megane)、克丽欧(Clio)、拉古娜(Laguna)、丽人行(Twingo)、太空车(Espace)、Avantime 等。雷诺梅甘娜 CC 汽车如图 2-103 所示。

图 2-101　路易斯·雷诺

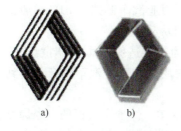

图 2-102　雷诺公司商标

图 2-103　雷诺梅甘娜 CC 汽车

(2) 日产(Nissan)汽车公司

1) 日产"Nissan"的日语读音近似"尼桑"，所以也被音译为"尼桑"。它是 1933 由日本产业公司与户畑铸造公司联合成立的汽车制造公司，1934 年正式更名为日产汽车公司，总部设在东京，是日本的第三大汽车生产厂家。

2) 公司商标(图 2-104)：商标用简洁明了的红色圆表示太阳，中间的蓝色长方形及其上白色的字是"日产"的拼写形式，整个图案表明了日产汽车公司位于"日出之国"的日本，在汽车商标文化中独树一帜。

图 2-104　日产商标

3) 汽车品牌：主要有公爵(Cedric)、蓝鸟(Bluebird)、风度(Cefiro)、阳光(Sunny)、派美(Primera)、ELGRAND、X-Trail、西玛(Cima)、千里马、光荣、桂冠、总统、英菲尼迪(Infiniti)等。日产公爵汽车、日产蓝鸟汽车如图 2-105、图 2-106 所示。

图 2-105　日产公爵汽车

图 2-106　日产蓝鸟汽车

(3) 英菲尼迪(Infiniti) 它是日产在豪华汽车市场使用的品牌,是日产专门开发豪华轿车市场的高级轿车品牌,车标如图 2-107 所示。其中顶级车是 Q45(图 2-108),该车后轮驱动,豪华程度与日产总统牌(日本皇室人员用车)如出一辙。

(4) 三星(3-STAR)汽车公司 韩国三星汽车公司成立于 1997 年,2000 年被雷诺汽车公司并购。目前三星汽车公司生产的主要车型有 SM3、SM5 等。

(5) 达西亚(Dacia)汽车公司 罗马尼亚的达西亚轿车厂成立于 20 世纪 60 年代中期。1999 年 7 月,雷诺汽车公司获得达西亚汽车制造厂 51%的股份。目前达西亚汽车公司生产的主要车型有 Solenza、Logan 等。

(6) 三菱(Mitsubishi)汽车公司 前身为三菱造船公司,20 世纪 20 年代就生产过汽车,1970 年三菱汽车公司成立,乘用车和载货汽车生产都得到了较大的发展。

三菱汽车商标(图 2-109)是三瓣菱形钻石图案,体现了公司的三条原则:承担对社会的共同责任、诚实与公平、通过贸易促进国际谅解与合作。三菱主要车型有劲炫 ASX、欧蓝德、帕杰罗、祺智等。

图 2-107 英菲尼迪商标

图 2-108 Q45 汽车

图 2-109 三菱商标

### 2.2.5 标致-雪铁龙汽车集团

标致-雪铁龙汽车集团(简称 PAS 集团)由著名的法国标致汽车公司和雪铁龙汽车公司组成。2016 年,其汽车销量 314.6 万辆,居世界第 11。2017 年 8 月 1 日,PSA 集团正式从通用汽车公司手中收购欧宝和沃克斯豪尔品牌。2017 年 PSA 集团汽车销量 363.23 万辆,比 2016 年增长 15.4%。

**1. 标致(Peugeot)汽车公司**

(1) 公司简介 1890 年,标致汽车公司成立,创始人是阿尔芒·标致(Armand Peugeot)(图 2-110)。

(2) 公司商标 标致汽车公司的商标是只狮子(图 2-111)。狮子历来是雄壮、威武、高贵的象征,标致商标中的狮子简洁、明快、刚劲、有力,衬托出标致汽车的力量和节奏。

图 2-110 阿尔芒·标致

图 2-111 标致商标

（3）汽车品牌　主要品牌有标致 205、206、306、307、308、406、605、607 和 807 等。标致 205、206、307 汽车分别如图 2-112~图 2-114 所示。

图 2-112　标致 205 汽车

图 2-113　标致 206 汽车

图 2-114　标致 307 汽车

2. 雪铁龙（Citroen）汽车公司

（1）公司简介　1915 年，法国雪铁龙汽车公司成立，创始人是安德烈·雪铁龙（A. Citroen）（图 2-115）。

（2）公司商标　商标是两个人字（图 2-116），像人字形齿轮，以宣扬创始人雪铁龙 1900 年发明了人字形齿轮。

图 2-115　安德烈·雪铁龙

图 2-116　雪铁龙商标

（3）汽车品牌　主要有 C3、C5、C6、毕加索（Picasso）、萨拉（Xsara）、Saxo、桑蒂雅（Xantia）等。雪铁龙 C6 汽车、毕加索汽车如图 2-117、图 2-118 所示。

图 2-117　雪铁龙 C6 汽车

图 2-118　雪铁龙毕加索汽车

### 3. 欧宝(Opel)公司

1) 公司创始人：德国人亚当·欧宝(Adam Opel)(图2-119)。

2) 公司创建时间：1863年生产缝纫机和自行车，1899年开始生产汽车，1914年成为德国最大的汽车生产厂家。1929年被通用汽车公司并购。

3) 欧宝商标：为"闪电"图案(图2-120)，代表了公司的技术进步与发展，又像闪电一样划破长空、震撼世界，喻示欧宝汽车如风驰电掣，力量和速度无与伦比，同时也炫耀它在空气动力学方面的研究成就。

图2-119 亚当·欧宝

4) 汽车品牌：主要有欧美佳、威达、雅特和赛飞利等历史名车如图2-121所示。

图2-120 欧宝商标

图2-121 1924年欧宝绿蛙汽车(Laubfrosch)
(配置了先进的干式多片离合器及四轮油压制动)

### 4. 沃克斯豪尔(Vauxhall)公司

1) 公司创始人：英国人亚历山大·威尔逊。

2) 公司创建时间：1857年建立蒸汽机制造厂，1903年开始制造汽车，1925年被美国通用汽车公司收购。

3) 公司商标：选用了13世纪英国沃克斯豪尔地区的土地主使用的狮身鹫首的怪兽图标(图2-122)，它矫健的翅膀展开，即将腾飞，并显露出锋利的前颚，体现了英国传统文化理念中的征服与霸气。

4) 汽车品牌：以生产高性能轿跑车知名，目前是通用子公司欧宝下属的两大子品牌之一。历史名车如图2-123所示。

图2-122 沃克斯豪尔商标

图2-123 沃克斯豪尔DX汽车

### 2.2.6 菲亚特集团

**1. 集团简介**

1899年,乔瓦尼·阿涅利创建了意大利都灵汽车制造厂。菲亚特(FIAT)是该公司缩写的音译,其总部设在意大利都灵市。菲亚特集团现有雇员27万左右,在100多个国家有子公司和销售机构;2016年销售汽车472.0万辆,世界排名第9。

菲亚特商标几经变迁,现在商标如图2-124所示。图中,"FIAT"为公司全称(Fabbrica Itliana Automobili Torino)4个单词的第一个大写字母。"FIAT"在英语中具有"法令""许可"的含义,喻示菲亚特轿车具有较高的合法性与可靠性,深得用户的信赖。

图2-124 菲亚特商标

**2. 集团发展简史**

- 1899年,乔瓦尼·阿涅利创建了意大利都灵汽车制造厂。
- 1969年,菲亚特兼并了蓝旗亚汽车厂并购买了法拉利车厂50%的股份,把世界跑车业的第一品牌法拉利归到了自己旗下。
- 1971年,收购阿巴斯(Abarth)汽车公司。
- 1986年,收购了阿尔法·罗密欧。
- 1993年,收购了玛莎拉蒂。
- 2014年1月,菲亚特收购克莱斯勒集团。

**3. 集团主要汽车品牌**

集团主要汽车品牌见表2-7。其中克莱斯勒、道奇、鹰·吉普等品牌介绍见2.1.3。

表2-7 菲亚特集团主要汽车品牌

| 品牌 | 商标 | 品牌 | 商标 | 品牌 | 商标 |
|---|---|---|---|---|---|
| 菲亚特<br>(FIAT) |  | 阿尔法·罗密欧<br>(Alfa Romeo) |  | 法拉利<br>(Ferrari) |  |
| 克莱斯勒<br>(Chrysler) |  | 道奇<br>(Dodge) |  | 鹰·吉普<br>(Eagle-Jeep) |  |
| 蓝旗亚<br>(Lancia) |  | 玛莎拉蒂<br>(Maserati) |  | 阿巴斯<br>(Abarth) |  |

(1) 菲亚特(FIAT)汽车公司  汽车品牌主要有熊猫(Panda)、派力奥(Palio)、

西耶娜(Siena)、派力奥(Palio W.E.)、马力昂(Marea)、鹏托(Abarth)、多能(Multipla)、多宝(Doblo)等。历史名车有 1911 年制造的菲亚特 300 汽车(图 2-125)、1957 年推出的菲亚特 500 汽车(图 2-126)等。

图 2-125　菲亚特 300 汽车

图 2-126　菲亚特 500 汽车

(2) 阿尔法·罗密欧(Alfa Romeo)汽车公司

1) 1910 年,阿尔法·罗密欧公司创建,总部设在意大利米兰,1986 年并入菲亚特集团。

2) 公司商标(图 2-127):标志是中世纪意大利米兰的领主维斯康泰公爵的家徽,也是现在米兰市的市徽。标志中的十字部分来源于十字军从米兰向外远征的故事;右边部分是蛇正在吞食撒拉逊人的图案(传说之一是维斯康泰的祖先曾经击退了使该城人民遭受苦难的"恶龙")。

3) 汽车品牌:主要有 147(中型轿车)、156/156 Sport Wagon(中高档轿车)、166(高档轿车)、GTV/Spider(运动轿车)等。其历史名车如图 2-128、图 2-129 所示。

图 2-127　阿尔法·罗密欧商标

图 2-128　阿尔法·罗密欧 156 汽车

图 2-129　阿尔法·罗密欧 147 汽车

(3) 法拉利(Ferrari)汽车公司

1) 1929 年,世界赛车冠军、汽车设计大师恩佐·法拉利(图 2-130)创建了法拉利汽车公司。恩佐·法拉利 13 岁开始驾车,赢得了 9 次勒芒 24h 拉力赛冠军和 9 次 F1 总冠军,被誉为"赛车之父"。他设计的 F1 赛车截至 2006 年年底,获得了 14 次一级方程式车手总冠军、14 次一级方程式车队总冠军、14 次制造商世界冠军、9 次勒芒 24h 耐力赛冠军、8 次 Mille Miglia 比赛冠军、7 次 Targa Florio 比赛冠军以及 5000 多次各种车赛冠军，至今无人打破这个记录。

2）公司商标（图 2-131）：由字母和图案组成，图案"腾马"比喻奔腾向前、搏击长空、一定取胜，与法拉利跑车的刚劲和经典红头造型相结合，更显法拉利跑车令人晕眩的震撼力。

图 2-130　恩佐·法拉利

图 2-131　法拉利商标

3）汽车品牌：法拉利汽车大部分采用手工制造，每一辆法拉利汽车都可以说是一件绝妙的艺术品。著名的超级跑车有 1962 年的 250 GTO、1984 年的 288 GTO、1988 年~1992 年的 F40（图 2-132）、1995 年~1997 年的 F50、1996 年的 F50 GT、2003 年~2005 年的 Enzo（图 2-133）等。

图 2-132　法拉利 F40 汽车

图 2-133　法拉利 Enzo 汽车

（4）玛莎拉蒂（Maserati）汽车公司

1）1914 年，玛莎拉蒂（Maserati）家族六兄弟在意大利的科隆纳创建了玛莎拉蒂汽车公司，专门生产运动车。1993 年，玛莎拉蒂公司被菲亚特集团收购。

2）公司商标：树叶形的底座置于一个椭圆中，其上放置一把三叉戟（罗马和希腊神话中海神的武器）；这个商标也是公司所在地意大利博洛尼亚市的市徽（图 2-134）。该商标表示玛莎拉蒂牌汽车就像三叉戟

图 2-134　玛莎拉蒂商标

一样威力无比、所向披靡。

3）汽车品牌：主要有玛莎拉蒂 Mistral、Sebring、Ghibli、Coupe、Birdcage、Quattroporte 及其 Quattroporte GT 等。玛莎拉蒂 Birdcage 概念车、Quattroporte 汽车如图 2-135、图 2-136 所示。

图 2-135　玛莎拉蒂 Birdcage 概念车　　图 2-136　2004 款玛莎拉蒂 Quattroporte 汽车

（5）蓝旗亚（Lancia）汽车公司

1）1906 年，赛车手维琴佐·蓝旗亚在都灵创办蓝旗亚公司。1969 年，菲亚特兼并了蓝旗亚汽车厂。

2）公司商标（图 2-137）：有双重意义，一是取自公司创始人之一蓝旗亚的姓氏；二是"蓝旗亚"在意大利语中解释为"长矛"，（骑着高头大马,手持挂旗子的长矛者,是中世纪意大利骑士的主要特征），商标喻示了蓝旗亚企业不畏艰难的拼搏精神。

3）汽车品牌：主要有蓝旗亚 Y、Thesis、Lybra、Lanbda、Augusta、Artena、Astura、Aprilia 等。

图 2-137　蓝旗亚商标

（6）阿巴斯（Abarth）

1）公司商标：商标是一只小蝎子（图 2-138），最新标志中加入绿色、白色和红色条纹，以示其起源于意大利。

2）公司发展简介：

● 1950 年，阿巴斯公司在意大利成立，创始人是奥地利的卡尔·阿巴斯（Karl Abarth）（见图 2-139）。

图 2-138　阿巴斯商标

● 20 世纪 60 年代，设计制作方程式赛车与跑车，在大量的比赛中取得胜利。

● 1971 年，被菲亚特汽车公司收购。公司为菲亚特 Abarth 设计的赛车总共赢得了 21 项世界拉力赛冠军。

图 2-139　卡尔·阿巴斯

3) 公司汽车品牌：主要有 Abarth500、1000、1300、1600、阿巴斯 SIMCA 2000 GT（图 2-140）等。

图 2-140　阿巴斯 SIMCA 2000 GT 车

### 2.2.7　阿斯顿·马丁（Aston Martin）汽车公司

#### 1. 公司概况

阿斯顿·马丁现归属英国 Prodrive 公司。1913 年，英国莱昂内尔·马丁（Lionel Martin）和罗伯特·班福特（Robert Bamford）（图 2-141）共同创建了班福特·马丁汽车公司。1923 年，因为马丁驾驶自己制造的赛车在阿斯顿·克林顿山举行的山地汽车赛中获胜，为了纪念胜利而将公司和产品改名为阿斯顿·马丁。

1947 年，公司卖给了英国拖拉机制造商戴维·布朗（David Brown）。1948 年，DB1（图 2-142）车型投产。1987 年福特汽车公司收购了其 75% 的股份，1994 年成为福特公司的全资子公司。2007 年，福特汽车公司将其转售给英国 Prodrive 公司车队老板大卫·理查兹。

图 2-141　莱昂内尔·马丁（左）和罗伯特·班福特（右）

图 2-142　阿斯顿·马丁 DB1 汽车

#### 2. 汽车标志

阿斯顿·马丁汽车公司的商标（图 2-143）是一只展翅飞翔的大鹏，分别加以 ASTON MARTIN 或 LAGONDA（拉贡达）字样。因为阿斯顿·马丁汽车公司原来是与拉贡达公司合并而成，喻示着公司如大鹏般远大的志向。

### 3. 汽车品牌

阿斯顿·马丁汽车公司以生产敞篷旅行车、赛车和限量生产的跑车而闻名于世，一直是造型别致、精工细作、性能卓越的运动跑车的代名词（图2-144）。著名车型有DB系列、飞鼠（Vantage）、Vanquish等。

图2-143　阿斯顿·马丁商标　　　　图2-144　阿斯顿·马丁汽车

## 2.2.8　俄罗斯高尔基汽车厂（集团）

### 1. 公司概况

● 1930年5月，苏联自行建造高尔基汽车厂（简称GAZ，音译嘎斯），由美国福特公司提供技术设备。

● 1932年，高尔基汽车厂生产出第一批自己的产品——嘎斯AA型载货汽车。

● 1956年10月15日，第一批伏尔加牌嘎斯-21型轿车（图2-145）诞生，并正式以俄罗斯母亲河——伏尔加河的名字命名。

● 1958年，伏尔加轿车在布鲁塞尔国际工业展上夺得最高奖，并出口到75个国家。

● 2005年，高尔基汽车厂（集团）成立，集团包括高尔基汽车厂股份公司以及其一系列子公司、高尔基汽车的轿车厂有限责任公司、巴甫洛夫斯克公共汽车厂有限责任公司、柴油汽车股份公司等。

图2-145　嘎斯-21型轿车

图2-146　汽车标志

### 2. 汽车标志

高尔基汽车厂汽车的商标是盾牌形，盾牌中有GAZ标志和一只梅花鹿（图2-146），预示生产的汽车像盾牌一样坚固，像梅花鹿一样善于奔跑。

### 3. 汽车品牌

主要汽车品牌有伏尔加、拉达等。

### 2.2.9 荷兰世爵汽车公司(Spyker)

#### 1. 公司概况

(1) 公司商标(图2-147) 是由一个水平的飞机螺旋桨穿越镌刻公司名称和座右铭的辐轮。螺旋桨显示其制造飞机的历史;"NULLA TENACI INVIA EST VIA"的中文意思是"执着强悍、畅行无阻",体现了公司为车主制造出全球最先进,设计最独特的跑车。

(2) 公司发展简史 1980年,荷兰商人雅克布斯(JACOBUS)和亨德里克·让·世派克(HENDRIK-JAN SPIJKER)兄弟创立公司制造四轮马车,公司总部在阿姆斯特丹。1898年,他们将进口的奔驰汽车改型,生产出新产品"世爵·奔驰"汽车。1900年,世爵汽车公司制造了著名的黄金马车(图2-148)。1903年12月,世爵汽车公司制造出世界上第一辆6缸四驱并带四轮制动的世爵60马力汽车(图2-149)。

图2-147 世爵汽车公司商标

图2-148 1900年黄金马车

图2-149 1903年6缸四驱并带四轮制动的世爵60马力汽车

2000年生产的C8 SPYDER跑车获得了"专业少量汽车生产商优秀技术大奖"。2005年9月4日,驾驶世爵Spyker C8 Spyder GT2R的车手在勒芒1000km耐力赛德国Nurburg Ring站上取得了第二名的佳绩。2005年9月12日,世爵C8 Spyder被美国《duPont Registry》杂志评为全球最独一无二最富激情的汽车品牌。2010年2月1日,世爵公司从美国通用汽车公司购得萨博(Saab)汽车品牌。

#### 2. 汽车品牌

公司汽车品牌有世爵(Spyder)和萨博(Saab)品牌。

(1) 世爵品牌 主要有C8系列(图2-150、图2-151)。

图 2-150　世爵 C8 Laviolette 汽车

图 2-151　世爵 C8 Aileron 汽车

(2) 萨博(Saab)

1) 基本情况：萨博(Saab)也称绅宝，原来是瑞典飞机公司，1937 年成立，1946 年开始转产汽车，1990 年被美国通用公司收购了 50% 的股权，2000 年被收购了 100% 的股权。2009 年 12 月，北汽集团收购萨博 9-3、9-5 平方等核心技术。2010 年 2 月 1 日，通用汽车公司将萨博汽车品牌以 4 亿美元卖给世爵汽车公司。

2) 公司特色：以生产安全性能较好的豪华轿车和涡轮增压发动机而闻名于世。目前，其主要汽车品牌有 Saab 9-3、Saab 9-5 等。

3) 萨博商标(图 2-152)　由文字"SAAB"和"头戴皇冠的鹰头飞狮"组成，王冠象征着轿车的高贵，狮子为欧洲人崇尚的权力象征。半鹰、半狮的怪兽图案象征着一种警觉，这是瑞典南部两个县流行的一种象征，而萨博汽车和航行器的生产就起源在这里。

图 2-152　萨博商标

4) 萨博历史名车(图 2-153、图 2-154)。

图 2-153　1946 年 Saab 92 汽车第一辆定型车

图 2-154　1995 年 Saab 9-3 运动型轿车

## 任务 2.3  亚洲主要汽车集团公司探究

亚洲主要汽车集团公司有丰田汽车公司、本田汽车公司、韩国现代汽车工业集团、印度塔塔汽车工业集团和马来西亚宝腾集团等。

### 2.3.1  丰田汽车公司（Toyota Motor Corporation）

**1. 公司简介**

丰田汽车公司创立于 1937 年 8 月 28 日，前身为丰田纺织，创始人是丰田喜一郎（Kiichiro Toyoda）（图 2-155）。公司总部在日本爱知县丰田市。公司员工总数 28 万多人，拥有子公司 523 家。2016 年，其汽车销量为 1017.5 万辆，居世界第 2。

图 2-155  丰田喜一郎

公司商标（图 2-156）：公司名称取自创始人丰田喜一郎（TOYOTA）的姓氏。商标将三个外形近似的椭圆巧妙地组合在一起，每个椭圆都是以两点为圆心绘制的曲线组成，象征用户的心与汽车厂家的心是连在一起的，具有相互信赖感。图案具有空间感，拼音"TOYOTA"字母也寓于图形商标之中。大椭圆内的两个椭圆垂直交叉组合成一个"T"字，代表丰田汽车公司：大椭圆表示地球，中间的"T"字与外面的椭圆重叠，使"T"字最大限度地占据了椭圆空间，更显突出，喻示丰田汽车面向未来、走向世界。

图 2-156  丰田商标

**2. 丰田汽车公司发展简史**

● 1933 年，在丰田自动织机制作所内设立汽车部。

● 1936 年，丰田 AA 型轿车问世。丰田喜一郎提出了"just in time"（准时化生产方式）的理念。

● 1937 年，丰田汽车工业公司诞生。

● 1951 年，开始推行"动脑筋，提方案"制度。

● 1954 年，开始试行"精益管理法"。

● 1967 年，开始与大发工业公司进行业务合作。

● 1984 年，与美国通用的合资公司 NUMMI 在美国建成投产。

● 1997 年，PRIUS（普锐斯，混合动力汽车）投产上市（图 2-157）。

图 2-157  丰田 PRIUS 轿车

- 2002年，与中国第一汽车集团公司就全面合作达成协议。
- 2004年，广州丰田汽车有限公司成立。

**3. 主要汽车品牌**

主要汽车品牌见表2-8。

表2-8 丰田汽车公司组成

| 子公司 | 商标 | 子公司 | 商标 | 子公司 | 商标 |
| --- | --- | --- | --- | --- | --- |
| 丰田(Toyota) | | 大发(Daihatsu) | | 日野(Hino) | |

(1) 丰田(Toyota)汽车公司　丰田主要品牌有皇冠(Crown)、雷克萨斯(Lexus)、凯美瑞(Camry)、世纪(Century)、卡罗拉(Corolla)、普锐斯(Prius)、陆地巡洋舰(Land Cruiser)、柯斯达(Coaster)、海狮(Hiace)、赛昂(Scion)等。

1) 皇冠(Crown)：

① 皇冠品牌是丰田汽车公司历史最长的中高级豪华轿车。第一代皇冠轿车生产于1955年，现已生产第12代皇冠轿车(图2-158)。皇冠汽车有皇家级和豪华级两种。

② 皇冠商标是一顶皇冠(图2-159)，象征着此车的高贵和典雅。英文"CROWN"是皇冠的意思。

图2-158　2004年第12代皇冠

图2-159　丰田皇冠商标

2) 雷克萨斯(Lexus)：

① 雷克萨斯(Lexus)原来译为凌志，是1989年丰田汽车公司专门为国外销售豪华轿车而成立的一个分部。

② 商标是在一个椭圆中镶嵌英文"Lexus"的第一个大写字母L(图2-160)，喻示该车像一匹黑马，驰骋在世界各地的道路上。

③ Lexus是1993年丰田公司投入近4000名最优秀的工程技术人员，花了六年多时间开发而成的豪华车，主要车型有ES300、GS300、IS200、LS400、LS430、LX470、RX300、RX330、SC430。其中，LS400汽车(图2-161)被称为雷

克萨斯的元老,它集中了日本汽车工业所能表现的精华,令欧美汽车商赞不绝口,有过横扫美国豪华车市场的佳绩。

图 2-160　雷克萨斯商标

图 2-161　雷克萨斯 LS400 轿车

3)凯美瑞(Camry):凯美瑞(Camry)也称为佳美,是一款深受商务高级人员喜爱的中型豪华轿车(图 2-162),在全球市场上同级别的车型中一直非常畅销。

4)世纪(Century):丰田世纪(Century)是丰田轿车系列中最高级的品牌车(图 2-163),有人称其为日本的"劳斯莱斯"。丰田世纪汽车配置 V 形 12 缸发动机,在中国的售价为 260 万~280 万元人民币。

图 2-162　2008 款凯美瑞轿车

图 2-163　2006 款丰田世纪 5.0 轿车

5)卡罗拉(Corolla):卡罗拉是丰田公司的一款经济型家用轿车,自 1966 年底推出至今,现在已经是第 9 代车型,总产量达 2800 万辆,是世界汽车业单一品牌产量最大的轿车。

(2) 大发(Daihatsu)公司

1)公司简介

① 日本大发工业株式会社成立于 1907 年,原名为大阪发动机制造株式会社,1951 年改为现在所用名称。公司于 1923 年开始汽车制造,主要生产微型轿车和客车,以生产小型轿车和发动机闻名世界,公司总部设在日本大阪,雇员约 1 万人。

② 目前丰田汽车公司占有大发的多数股份。

③ 1984 年,大发汽车公司将夏利牌微型轿车转让给中国天津市,合作生产夏利微型轿车。

2)商标(图 2-164):是向上发展的流线型字母"D",取自于大发拼音"Daihatsu"的第一个大写字

图 2-164　大发商标

母,商标把大发拼音的"D"图案化,寓意着大发汽车公司永葆青春活力、向上发展。

3)汽车品牌:主要有西龙(Sirion)、感动(Move)、YRV、特锐(Terios)等。

(3) 日野(Hino)汽车公司

1)公司简介:日野汽车公司成立于1942年,是日本最大的中型载货汽车制造商。2001年4月,丰田汽车公司向日野汽车公司注资比例达到50.1%,使日野成为丰田的一个子公司。

2)公司商标(图2-165):由一个艺术化了的H和日野拼音组成,艺术化了的H看似一个轴对称图形,由一主轴连接两端,喻示着日野将在丰田公司的领导下向前发展;整个图形成半闭合状态,又喻示着公司将前途无量。

图2-165 日野商标

3)汽车品牌:主要有城市客车和旅游客车两大类。城市客车主要以蓝带都市和彩虹系列为主,旅游客车以SELEGA、MELPHA和LIESSE系列为主。

### 2.3.2 本田技研工业公司

#### 1. 公司简介

1)本田技研工业公司创建于1948年,创始人是本田宗一郎(图2-166),总部设在东京,雇员总数3万人左右,在世界29个国家拥有了110个生产基地,是日本第二大汽车公司。2016年,其汽车销量为490.7万辆,居世界第8。

2)公司商标:是三弦音箱式(图2-167),带框的H。图案中的H是"本田"拼音HONDA的第一个字母。本田商标体现了本田公司年轻、技术先进、设计新颖的特点,把技术创新、团结向上、经营有力、紧张感和轻松感表现得淋漓尽致。

图2-166 本田宗一郎

图2-167 本田商标

#### 2. 公司发展简史

- 1948年,本田公司创建。
- 1982年11月,第一辆雅阁(Accord)轿车下线。
- 1986年,本田推出阿库拉(Acura)品牌。

- 1998年7月，广州本田汽车有限公司和东风本田发动机有限公司成立。
- 2003年7月，东风本田汽车有限公司成立。
- 2003年9月，本田汽车(中国)有限公司成立。

3. 公司主要品牌

公司主要汽车品牌有本田(Honda)、阿库拉(Acura)等。

(1) 本田品牌　主要有雅阁(Accord)、思域(Civic)、序曲(Prelude)、里程(Legend)、奥德赛(Odyssey)、飞度(Fit)、Stream、Insight、CR-V、S2000、FCX、Pilot、Element等。

1) 雅阁(Accord)是日本汽车历史上最成功的车型之一。从1976年问世以来，雅阁已经历九代。第九代本田雅阁汽车如图2-168所示。

2) 思域(Civic)汽车(图2-169)是标准家庭用轿车的代表，具有良好的驾乘舒适性和经济性、优越的安全和环保性能、宽敞的室内空间、合理的价格等优点。到2004年4月底，思域汽车在全球的累计产量已超过1 560万辆，是本田汽车产品系列中最畅销的产品之一。

3) 奥德赛(Odyssey)汽车是一款多功能多用途的7座的新式轿车，颇具欧洲浪漫舒适风格。奥德赛在现代英文中是旅行者的意思，源于古希腊神话，是浪漫冒险的象征。

图2-168　第九代本田雅阁汽车

图2-169　本田思域汽车

4) 本田FCX是以氢气为能源的燃料电池车，1999年首次发布FCX-V1，现已推出FCX-V4汽车(图2-170)。2002年12月2日，产品正式交付日本和美国使用，是全球第一次批量交付使用的氢能燃料电池车。

(2) 阿库拉(Acura)品牌

1) 阿库拉是本田汽车公司在美国的高档豪华车品牌，它诞生于1986年3月，现有RL、TL、TSX、RSX、NSX、MDX六种车型。

2) "Acura"意为高速、精密、准确，其商标(图2-171)是英文字母A的变形，犹如一把卡钳(专门用于精确测量的工具)，体现了企业汽车制造"精确"的主题。

图 2-170　本田 FCX—V4 燃料电池汽车

图 2-171　Acura 商标

### 2.3.3　日本其他汽车公司

#### 1. 三菱（Mitsubishi）汽车公司

公司简介见 2.2.4 雷诺-日产-三菱联盟。

#### 2. 铃木（Suzuki）汽车公司

1）公司简介：其前身为铃木织机制作所，1954 年改名为铃木汽车公司，所生产的汽车主要为小型和微型轿车、轻型和微型货车。

2）铃木商标（图 2-172）：是 SUZAUKI 的第一个大写字母 S，给人以无穷力量的感觉，象征无限发展的铃木汽车公司。

图 2-172　铃木商标

#### 3. 富士重工业（Subaru）股份有限公司

1）公司简介：富士重工业股份有限公司是日本十大汽车公司之一，它的前身是飞机制造所，1953 年更名为富士重工业股份有限公司。其汽车品牌斯巴鲁（Subaru）畅销 12 年没有改变型号，公司所开发的水平对置式发动机在世界上也是独一无二的。2017 年，富士重工业更名为斯巴鲁（Subaru）。

2）商标：采用 SUBARU 和 6 颗星连在一起（图 2-173），象征其母公司及其合并的 5 家子公司。

#### 4. 五十铃（ISUZU）汽车公司

1）公司简介：其前身为东京石川岛造船所，1922 年开始生产 A9 型轿车，1949 年改名为五十铃汽车公司，以生产大、中型载货汽车为主。

2）五十铃商标（图 2-174）：使用双立柱，左柱象征和用户并肩前进，右柱象征着与世界各国合作发展。

图 2-173　斯巴鲁商标

图 2-174　五十铃商标

### 2.3.4 韩国现代汽车公司

**1. 公司简介**

现代公司成立于 1967 年，总部在首尔，创始人是郑周永（图 2-175）。1998 年，公司收购了韩国起亚（KIA）汽车公司。

**2. 公司商标**

公司商标是在椭圆中的斜体字 H（图 2-176），H 是现代汽车公司名 Hyundai 的第一个大写字母。椭圆既代表汽车的转向盘，又可以看作是地球；与其间的 H 结合在一起，代表了现代汽车遍布全世界，体现了现代汽车公司在世界上腾飞这一理念，象征现代汽车公司在和谐与稳定中发展。

图 2-175 郑周永

图 2-176 现代商标

**3. 汽车品牌**

韩国现代汽车公司主要汽车品牌有现代（Hyundai）和起亚（Kia）。

（1）现代品牌 现代品牌主要有雅绅特（Accent）、索纳塔（Sonata）、伊兰特（Elantra）、君爵（XG）、百年世纪（Centennial）、酷派（Coupe）跑车、特莱卡（Terracan）、桑塔菲（SantaFe）、美佳（Matrix）、途胜（Tucson）、尼卡（Nika）、奥托斯（Atos）等。索纳塔汽车如图 2-177 所示。

（2）起亚品牌 起亚以生产小型厢式车为主，主要品牌有狮跑（Sportage）、索兰托（Sorento）、嘉华（Carnival）、佳乐（Carens）等；轿车系列有普莱特（Pride）、秀玛（Shuma）、赛菲亚（Sephia）、丽欧（Rio）、欧迪玛（Optima）等。起亚商标如图 2-178 所示。

图 2-177 索纳塔汽车

图 2-178 起亚商标

### 2.3.5 塔塔(TATA)汽车公司

#### 1. 公司概况

塔塔汽车公司是印度塔塔集团的子公司，总部在孟买，是印度最大的汽车公司。1868年，印度詹姆谢特吉·塔塔(Jamsetji Tata)（图2-179）创立塔塔集团。1945年，塔塔集团子公司塔塔汽车公司成立。1954年，塔塔汽车公司与德国戴姆勒奔驰公司签订15年的合作协议，开始生产商用汽车。1998年，塔塔汽车公司研制生产出印度第一辆本土汽车Indica。2002年，研制生产出Indigo轿车。2008年3月26日，印度塔塔集团收购了福特汽车公司的捷豹和路虎两大汽车品牌。2009年，塔塔汽车公司推出了世界上最经济的小型汽车Nano汽车（图2-180）。

图2-179 詹姆谢特吉·塔塔

图2-180 塔塔Nano汽车

#### 2. 汽车商标

塔塔汽车公司商标由塔塔集团名称TATA和图案组成，图案用T字母形成高速公路图案（图2-181），喻示TATA汽车走向世界。

#### 3. 主要汽车品牌

塔塔汽车公司主要汽车品牌有捷豹、路虎和塔塔（轻型商用车塔塔Ace、运动型功能车塔塔Safari、乘用车塔塔Indica和小型轿车Nano等）。

图2-181 塔塔商标

**（1）捷豹(Jaguar)汽车品牌**

1) 捷豹（又译美洲虎、美洲豹）公司是英国人威廉·里昂斯(William Lyons)于1922年创立，1931年转型生产汽车，以生产豪华的捷豹运动车而闻名于世。

2) 捷豹商标（图2-182）为一只正在跳跃前扑的豹子，它既代表了公司的名称，又表现出向前奔驰的力量与速度，象征该车如美洲豹一样驰骋于世界各地。

3) 捷豹的经典车型有SS100、XK型、XJ型、E型、S型、X型。其中，XK8跑车（图2-183）被认为是E型车及其他经典捷豹跑车的真正传世之作。

图 2-182　捷豹商标

图 2-183　捷豹 XK8 跑车

（2）路虎（Land Rover）汽车品牌

1）路虎（Land Rover）中的 ROVER 曾译为罗孚，由英国 MG 等多家英国汽车公司合并而成，成立于 1877 年，是世界上最好的四轮驱动车制造商。1994 年，路虎公司被德国宝马汽车公司收购。2000 年，福特汽车公司从宝马公司收购路虎四轮驱动系列产品。

2）路虎商标："Rover"的英语中包含流浪者、航海者的意思。Rover Mascot（吉祥物）源自世界上最著名的流浪族——维京人的双关语。路虎汽车商标采用了一艘海盗船（图 2-184a），张开的红帆象征着公司乘风破浪、所向披靡的大无畏精神。路虎越野汽车的标志（图 2-184b）是椭圆里面的公司名字 Land Rover，意寓路虎汽车遍布全世界。

3）路虎的经典车型有：神行者（Free Lander）、卫士（Defender）、发现（Discovery）、揽胜（Range Rover）。路虎 Defender 汽车如图 2-185 所示。

a)

b)

图 2-184　路虎商标

图 2-185　路虎 Defender 汽车

## 2.3.6　宝腾（Proton）汽车公司

### 1. 公司概况

宝腾汽车公司成立于 1983 年，是马来西亚国有企业，先后与日本三菱公司和法国雪铁龙汽车公司合作研发汽车。1996 年，宝腾汽车公司收购了英国莲花

(LOTUS)汽车公司,加强了公司的实力;之后又收购底特律汽车设计中心,使宝腾汽车公司具有独立完成从轿车开发到生产的能力。宝腾汽车的排放已达到欧洲现行标准,正在开发的宝腾发动机将接近"零排放",并大量出口海外。2017年6月23日,吉利控股集团收购宝腾汽车49.9%的股份以及豪华跑车品牌莲花(LOTUS)51%的股份。

### 2. 汽车商标

宝腾汽车商标是在盾牌上镶嵌一个马来虎侧面图案(图2-186),突显宝腾汽车的强劲与威风;PROTON是马来西亚文 Perusahaan Otomobil Nasional(国家轿车项目)的简写。

### 3. 汽车品牌

宝腾汽车公司主要汽车品牌有PerdanaV6、Satria GTI、Wira、Persona等型号轿车和莲花公司的Elise汽车等。宝腾Persona汽车如图2-187所示。

图2-186 宝腾商标

图2-187 宝腾Persona汽车

(1)莲花汽车公司发展简介　1951年,英国的杰出工程师柯林·查普曼(图2-188)创建了莲花汽车公司,总部设在英国诺里奇市。他亲自参与设计与研制各种赛车,还组建了一支莲花车队。1963~1978年,莲花汽车曾经7次蝉联世界最佳小客车优胜奖。1970年,查普曼推出了一辆72型单座赛车(图2-189)。1983年中期,由英国汽车拍卖集团(BCA)主管大卫·威金斯接掌营运。1983年7月,日本丰田汽车公司买下莲花汽车公司66.5%的股票。1986年初,通用汽车公司控制了莲花汽车公司的58%股权,次年将控股增加至97%。1991年,莲花伊兰汽车获世界汽车最佳设计奖。1993年11月,通用汽车公司将莲花汽车公司卖给意大利,之后与布加迪(Bugatti)汽车厂合并。

(2)莲花商标(图2-190)　莲花汽车公司的商标是由CABC几个英文字母重叠在一起组成的,这是公司创始人柯林·查普曼(Colin Anthony Bruce Chapman)名字的缩写。优雅、灵动、恒久、精炼、圣洁的莲花是莲花汽车的高雅象征。

图 2-188 柯林·查普曼

图 2-189 72 型单座赛车(Colin Chapman)

（3）汽车品牌　莲花汽车公司与法拉利汽车公司、保时捷汽车公司并称为世界三大跑车制造商。其汽车重心低，造型具有良好的流线型，风阻系数只有 0.3 左右。其开发的莲花爱丽丝(Elise)（图 2-191）为轻质量高性能汽车确立了标准，首次将蜂窝结构管状车架应用于汽车；率先采用超级轻灵的新材料，复合玻璃纤维以及粘合型铝合金超轻结构，迄今已荣获 50 多项大奖。

图 2-190 莲花商标

图 2-191 莲花爱丽丝(Elise)汽车

莲花的经典车型有 Elise、Seven、Elan、Europa、Esprit。莲花爱丽丝(Elise)汽车、Super Seven 汽车、Europa S 汽车、340R 汽车分别如图 2-192，图 2-193 所示。

图 2-192 莲花 Europa S 汽车

图 2-193 莲花 340R 汽车

## 项目小结

1) 目前国外主要汽车集团公司有美国 3 大汽车集团公司（通用、福特、克莱斯勒汽车公司）、欧洲 9 大汽车集团公司（戴姆勒-奔驰、宝马、大众、雷诺-日产-三菱、标致-雪铁龙、菲亚特、阿斯顿·马丁、高尔基和世爵汽车公司）、亚洲 5 大汽车集团公司（丰田、本田、现代、塔塔、宝腾）。

2) 通用汽车公司主要汽车品牌有凯迪拉克、别克、雪佛兰、庞蒂克、土星、悍马、吉姆西、大宇等。

3) 福特汽车公司主要汽车品牌有福特、林肯、水星、马自达等。

4) 戴姆勒-奔驰公司主要汽车品牌有梅赛德斯-奔驰、迈巴赫、精灵等。

5) 宝马汽车集团主要汽车品牌有宝马、劳斯莱斯、迷你、奥斯汀等。

6) 大众汽车集团主要汽车品牌有大众、奥迪、兰博基尼、宾利、布加迪、斯柯达、西亚特、保时捷、斯堪尼亚等。

7) 雷诺-日产-三菱联盟主要汽车品牌有雷诺、日产、英菲尼迪、三菱、三星、达西亚等。

8) 标致-雪铁龙汽车集团主要汽车品牌有标致、雪铁龙、欧宝和沃克斯豪尔等。

9) 菲亚特集团主要汽车品牌有菲亚特、克莱斯勒、道奇、鹰·吉普、阿尔法·罗密欧、法拉利、蓝旗亚、玛莎拉蒂、阿巴斯等。

10) 丰田汽车公司主要汽车品牌有丰田、大发和日野。

11) 本田汽车公司主要汽车品牌有本田和阿库拉等。

12) 现代汽车集团主要汽车品牌有现代和起亚。

13) 塔塔汽车公司主要汽车品牌有捷豹、路虎和塔塔。

14) 宝腾汽车公司主要汽车品牌有莲花和宝腾等。

## 习题与思考题

1. 辨认出通用、福特、克莱斯勒、大众、雷诺-日产-三菱联盟、丰田、本田、现代、标致-雪铁龙、宝马、戴姆勒-奔驰、菲亚特、塔塔、宝腾等汽车集团公司商标及其所属品牌汽车。

2. 上网检索一个汽车集团公司的发展历史、现状、汽车品牌及其历史经验，然后大家进行交流。

# 项目3 国内主要汽车工业集团

**教学目标与要求**

- 能够辨认上汽、一汽、东风、长安、北汽、广汽、吉利、长城、华晨、奇瑞和比亚迪等汽车集团公司的商标。
- 能够辨认上述集团公司的品牌汽车。
- 了解上述集团公司的组成。
- 知道上述集团公司的发展和现状。

## 任务3.1 上汽集团探究

上汽集团全称是上海汽车集团股份有限公司。

### 3.1.1 集团简介

1. 发展简介

上汽集团是从上海汽车装配厂发展起来的。1958年9月,该厂试制成功了第一辆凤凰牌轿车(图3-1)。

目前,上汽集团的总部在上海(图3-2)。

图3-1 第一辆凤凰牌轿车

图3-2 上汽总部

上汽集团所属主要整车企业包括上汽乘用车、上汽大通、上汽大众、上汽通用、上汽通用五菱、南京依维柯、上汽依维柯红岩、申沃客车等。

2017年，上汽集团整车销售693.01万辆，位居全国第1位。

### 2. 集团公司商标

图3-3 上汽集团商标

上汽集团的商标如图3-3所示。SAIC（S-Satisfaction from customer，满足用户需求；A-Advantage through innovation，提高创新能力；I-Internationalization in operating，集成全球资源；C-Concentration on people，崇尚人本管理），既是上汽集团的简称，也是上汽集团的价值观。

### 3.1.2 集团公司汽车品牌简介

上汽集团的主要汽车品牌见表3-1。

表3-1 上汽集团汽车品牌

| 品　　牌 | 商　　标 | 主　要　车　型 |
| --- | --- | --- |
| 上汽乘用车 | SAIC MOTOR 上海汽车 | 荣威轿车：i6、360PLUS、950；荣威SUV：RX8、RX5、RX3；荣威新能源：Ei5、eRX5、ERX5、ei6、e950<br>名爵轿车：MGGT、MG6、MG3；名爵SUV：MGZS、MGHS、MGGS；名爵新能源 |
| 上汽大众 | 上汽大众 SAIC VOLKSWAGEN | 大众品牌：POLO、桑塔纳、帕萨特、朗逸、途观、途安、途昂、凌渡、辉昂<br>斯柯达品牌：晶锐、昕锐、昕动、明锐、速派、柯米克、柯珞克 |
| 上汽通用 | 上汽通用汽车 SAIC-GM | 别克品牌：昂科雷、昂科威、昂科拉、君越、君威GS、威朗、阅朗、英朗、凯越、GL6、GL8 Avenir、GL8 商旅车、VELITE 5<br>雪佛兰品牌：科鲁兹、迈锐宝、沃兰多、赛欧、科沃兹、探界者、创酷、乐风、科迈罗、库罗德、索罗德<br>凯迪拉克品牌：ATS-L、XTS、CT6、XT5、XT4、ESCALADE |
| 上汽通用五菱 | 上汽通用五菱 SGMW | 宝骏品牌：宝骏530、宝骏510、宝骏560、宝骏360、宝骏730、宝骏310、宝骏E100<br>五菱品牌：新五菱宏光S、五菱宏光S3、五菱宏光S1、荣光系列、之光系列、微货 |
| 上汽大通 | 上汽大通 MAXUS | V80系列（轻客）、RV80（房车）、G10（MPV）、D90（SUV）、T60（皮卡）、EV80、EG10、FCV80、V80专用车系列 |
| 申沃客车 | | 城市客车系列、公路客车系列、校车系列 |
| 上汽依维柯红岩 | 上汽依维柯红岩 SAIC-IVECO HONGYAN | 杰卡系列、杰狮系列、捷豹系列、金刚系列 |
| 南京依维柯 | NAVECO 南京依维柯 | 欧胜、褒迪、新得意、Ouba、威尼斯之旅、各种专用车、新能源厢式车 |

荣威(Roewe)汽车是上汽集团 2006 年自主开发的汽车品牌。如图 3-4 所示的荣威 750 轿车获得 2006 年中国(年度)汽车"最受期待新车评委会特别奖"。

荣威商标如图 3-5 所示。"荣威"一词体现了创新殊荣、威仪四海的价值观;外文命名"Roewe",源自西班牙语 Loewe,蕴含"雄狮"之寓意,以"R"为首意在传达创新与皇家尊贵之意;最后的"we"暗含"我们"之意,体现众志成城的精神与信念。荣威商标整体结构是一个稳固而坚定的盾形,暗寓其产品具有可信赖的尊崇品质及上汽集团自主创新、国际化发展的坚强决心与意志;色彩感观以红、黑、金三个主要色调构成,这是中国最经典、最具内蕴的三个色系(红色代表中国传统的热烈与喜庆,金色代表中国的富贵,黑色则象征威仪和庄重)。图案中两只站立的东方雄狮气宇轩昂、凛然而不可冒犯,代表着吉祥、威严、庄重。图案的中间是双狮护卫着的华表。华表是中华文化中的经典图腾符号,不仅蕴含了民族的威仪,同时具有高瞻远瞩,祈福社稷繁荣、和谐发展的寓意。图案下方用现代手法绘成的符号是字母"RW"的融合,是品牌名称的缩写,同时"RW"在古埃及语中代表狮子。图案背景为对称分割的四个红黑色块,暗含着阴阳变化的玄机,代表了求新求变、不断创新与超越的企业意志;商标也突出了中国传统文化中的对称构造特色。

图 3-4 荣威 750 轿车

图 3-5 荣威商标

## 任务 3.2 一汽集团探究

一汽集团全称为中国第一汽车集团有限公司。

### 3.2.1 集团简介

#### 1. 发展简介

1953 年 7 月 15 日,第一汽车制造厂在长春破土动工。1956 年 7 月 15 日,一汽生产出第一辆解放牌汽车;1958 年 5 月,生产出第一辆东风牌轿车。

目前,一汽集团总部在吉林长春(图 3-6),拥有全资子公司 19 家,控股子公司 14 家,形成了东北、华北、华南、西南四大基地,分布在哈尔滨、长春、吉林、大连、北京、天津、青岛、无锡、成都、柳州、曲靖、佛山、海口等城市，并与大众、丰田、通用、马自达等汽车公司合资生产汽车。

2017年，一汽集团整车销售334.6万辆，位居全国第3位。

### 2. 集团公司商标

一汽集团商标如图3-7所示。取阿拉伯数字"1"和汉字"汽"，巧妙布置构成一只展翅翱翔的雄鹰。"1"又代表第一，外围椭圆代表全球，寓意第一汽车集团公司展翅高飞，走向世界，勇夺第一的雄心壮志。

图3-6 一汽总部大楼

图3-7 一汽集团商标

一汽货车在车前标有"FAW"，是第一汽车制造厂的英文字母"First Automobile Workshop"的第一个字母组合。

### 3.2.2 汽车品牌简介

一汽集团主要汽车品牌、车型见表3-2。

表3-2 一汽集团主要汽车品牌、车型

| 品　　牌 | 商　　标 | 主　要　车　型 |
| --- | --- | --- |
| 一汽红旗 | 红旗 | L5、新H7、新H5 |
| 一汽解放 | 一汽解放 | 牵引车系列、载货车系列、自卸车系列、天然气牵引车、天然气自卸车、各型专用汽车 |
| 一汽轿车 | 一汽轿车 | 奔腾品牌：B30、X40、B50；马自达品牌：CX-4、阿特兹 |
| 一汽大众 | 一汽-大众 | 大众品牌：捷达、宝来、高尔夫、速腾、迈腾、CC、C-TREK蔚领<br>奥迪品牌：A1、A3、A4L、A5、A6L、A7、A8L、Q3、Q5、Q7、TT、R8、RS |
| 一汽丰田 | 一汽-丰田 | 皇冠、卡罗拉、威驰、奕泽、普拉多、荣放、卡罗拉双擎、柯斯达（中型客车） |

### 1. 红旗

<u>红旗轿车是我国最早的自主品牌轿车</u>，其商标图案（图3-8）是面红旗，旗杆

象征着"龙",旗面象征着"凤",龙凤结合,表示团结统一的中华民族,腾飞的龙凤代表着东方巨龙的觉醒和美好的未来。

红旗 L5 轿车(图 3-9)将中国的哲学思想、古典美学与现代科技相结合,蕴涵着中国式的尊贵。L5 搭载自主开发的 V 形 12 缸发动机,排量 6.0L,最大功率 300kW,匹配 6 速手自一体变速器,四连杆独立前悬架和多连杆独立后悬架,同时配备双向充气式液压减振器,四分区自动空调系统,豪华舒适。

#### 2. 解放

解放汽车是新中国成立后的第一款汽车,现已形成了轻、中、重三大系列,产品从 1~30t 级,囊括了普通载货车、自卸车、牵引车、半挂车、搅拌车、邮政车等 600 多个品种,年产销量突破 20 万辆,中重型载货车曾连续七年取得全国市场销售量第一、全国市场占有率第一。如图 3-10 所示为解放 J6 牵引车。

图 3-8 红旗商标

图 3-9 红旗 L5 轿车

图 3-10 解放 J6 牵引车

## 任务 3.3 东风集团探究

东风集团全称为东风汽车集团股份有限公司。

### 3.3.1 集团简介

#### 1. 发展简介

东风集团前身是成立于 1967 年 4 月 1 日的第二汽车制造厂。1975 年 7 月 1 日,二汽第一个基本车型 EQ240(2.5t 越野车)投产。

东风集团已陆续建成十堰(主要以中、重型商用车,零部件,汽车装配事业为主)、襄阳(以轻型商用车、乘用车为主)、武汉(以乘用车为主)、广州(以乘用车为主)等主要生产基地,集团中心在武汉。如图 3-11 所示为东风新总部大楼。

东风集团截至 2016 年 12 月 31 日,拥有 21 家附属公司,与雪铁龙、本田、日产、起亚、雷诺等公司合资生产汽车。

2017 年,东风集团汽车销售量 412.1 万辆,位居全国第 2 位。

#### 2. 集团公司商标

东风商标"风神"是一对燕子在空中飞翔的尾翼(图 3-12),寓意双燕舞东风,使人自然联想到东风送暖,春光明媚,神州大地生机盎然,给人以启迪和力量。

图 3-11　东风新总部大楼

图 3-12　东风商标

因为东风集团前身是第二汽车制造厂，二汽的"二"字寓意于双燕之中，戏闹翻飞的春燕象征着东风牌汽车的车轮不停地旋转，奔驰在祖国大地，奔向全球。"风神"在世界大多数国家也被视为吉祥和美好。

### 3.3.2　汽车品牌简介

东风汽车集团主要汽车品牌见表 3-3。

表 3-3　东风汽车集团主要汽车品牌

| 品　　牌 | 商　　标 | 主要车型 |
| --- | --- | --- |
| 东风商用车 | 东风商用车 | 天龙系列牵引车、天锦系列载货车、重型工程车、各种专用车、校车系列、城市客车系列、公路客车系列 |
| 东风标致 | PEUGEOT 东风标致 | 2008、301、308、3008、408、4008、5008 |
| 东风日产 | NISSAN 东风日产 | 蓝鸟、天籁、楼兰、轩逸、西玛、贵士、GT-R、途乐、370Z、阳光、逍客、奇骏、骐达、骊威、玛驰、途达 |
| 东风英菲尼迪 | INFINITI | Q50L、QX50 |
| 东风风神 | 东风风神 | AX7、L60、AX3、A60、A70、E70 |
| 东风风行 | 东风风行 | 菱智 M5、菱智 V3、菱智 M3、风行 CM7、景逸 X3、景逸 X5、景逸 S50 |
| 东风风光 | 东风风光 | 580、S560、330、330S、S370、ix5 |
| 东风雪铁龙 | CITROËN 东风雪铁龙 | C3-XR、C4 世嘉、C4L、C4 AIRCROSS、爱丽舍、C5 |
| 东风本田 | 东风 HONDA | 艾力绅、思铂睿、XR-V、哥瑞、杰德、CR-V、思域 |
| 东风悦达起亚 | KIA 东风悦达·起亚 | K2、K3、K5、福瑞迪、奕跑、KX7 尊跑、智跑 |
| 东风裕隆纳智捷 | LUXGEN | 纳 5、优 6、U5、大 7 |
| 东风雷诺 | RENAULT Passion for life | 科雷嘉、科雷傲 |

1. 东风天龙(图 3-13)

东风天龙覆盖 3 个类别、11 个系列、51 个车型，动力为 191kW 至 309kW。曾荣获国际"最省油奖""跑得快奖"、年度受欢迎车型大奖等各种荣誉。

2. 东风多利卡

东风多利卡系列汽车已有近百种车型。其动力强劲，可选装东风康明斯 4BT、玉柴 4110 等多种发动机，底盘可以改制成厢式车、冷藏车、翻斗车等特种车辆。东风多利卡货车(图 3-14)驾驶室采用先进设计，视野开阔、宽敞舒适，配动力转向机构，160L 超大油箱容积。

图 3-13　东风天龙重型货车

图 3-14　东风多利卡货车

3. 东风小霸王

东风小霸王系列汽车是东风汽车股份有限公司自主开发的高水平高质量车型。新款东风小霸王轻型货车(图 3-15)经过 26 项技术改进，装配了全铆接大梁、可翻驾驶室、电熄火装置，驾驶室外覆盖件全部采用双面镀锌冷轧薄钢板，成为国内主力轻型载货汽车车型，并远销亚、非、欧、美洲 30 多个国家和地区，还被列入军用装备。

4. 东风风神 S30(图 3-16)

东风风神 S30 是东风乘用车公司首款自主品牌产品，汇聚了东风 40 年造车经验和近 20 年轿车领域合资合作的积累，是经 1000 余名工程师历时 4 年开发的全新车型。该车 2009 年 4 月份上海车展亮相以来，荣获 20 多项大奖。

图 3-15　东风小霸王轻型货车

图 3-16　东风风神 S30

## 任务 3.4　长安集团探究

长安集团全称为中国长安汽车集团股份有限公司。

### 3.4.1　集团简介

**1. 发展简介**

长安集团前身为长安机械厂，1958 年生产出国内第一辆吉普车；2005 年 12 月 26 日，中国南方工业汽车股份有限公司成立，2009 年 7 月 1 日更名为中国长安汽车集团股份有限公司。

长安集团旗下拥有 20 家二级企业，在全国拥有 10 个生产基地，31 个整车及发动机工厂。与福特、马自达、铃木、标致雪铁龙等公司合资生产汽车。2018 年 8 月 23 日，铃木解除与长安汽车的合资关系，退出中国汽车市场。

2017 年，长安集团的汽车销售量 287.3 万辆，位居全国第 4 位。

**2. 长安商标**

长安乘用车商标（图 3-17a）以天体运行轨迹——椭圆为基础，捕捉长安的拼音中"C""A"两个关键发音字母作为其造型设计的基本元素，经过抽象、组合、变形形成一个永恒运行的天体、一个攀升的箭头、一个精致的转向盘，又如一辆轻巧的汽车奔驰于纵横的公路之上。

　　　a)　　　　　b)

图 3-17　长安商标

长安商用车的标志（图 3-17b）为蓝色背景配合大小方圆，寓意长安汽车畅行天下注重科技。核心的 V 形有 Victory（胜利）和 Value（价值）之意，寓意长安汽车致力于打造世界一流汽车企业，为消费者和股东创造价值。

### 3.4.2　汽车品牌简介

长安集团主要汽车品牌见表 3-4。

表 3-4　长安汽车集团主要汽车品牌

| 品　　牌 | 商　　标 | 主　要　车　型 |
| --- | --- | --- |
| 长安汽车 | CCAG | 乘用车：逸动、睿骋、悦翔、奔奔、CS75、CS35、CX70 等<br>商用车：长安之星、长安星卡等<br>轻型车：睿行、长安神骐等 |
| 长安福特 | Ford 进无止境 | 福克斯、翼虎、翼搏、蒙迪欧 |
| 长安铃木 | 长安铃木 | 天语、雨燕、奥拓等系列 |

(续)

| 品　牌 | 商　标 | 主 要 车 型 |
|---|---|---|
| 长安马自达 | | 马自达 CX-5、昂克赛拉、马自达 3 星骋、马自达 2 等系列 |
| 长安标致雪铁龙 | | DS5、DS 5LS、DS 6 等 |
| 陆风汽车 | | 陆风系列 |
| 哈飞汽车 | | 中意、民意、骏意、路尊等 |

### 1. 长安奔奔

长安奔奔汽车(图 3-18)是长安的第一款自主品牌小轿车,是长安集团历经 3 年,由上百名中外专家和技术人员设计和研发完成的。其 1.3L 排量的百公里油耗仅为 3.4L,是目前国内经济型轿车领域中的典范。

### 2. 长安之星 2 代

长安之星 2 代汽车(图 3-19)采用 23 项专利技术,288 项技术升级和 800 多项零部件性能提升,受到广大用户的推崇;其提供 1.0L(39kW)和 1.3L(60kW)两种排量发动机,5 速手动变速器;最突出特点是实用、舒适、多用途。

图 3-18　长安奔奔汽车

图 3-19　长安之星 2 代汽车

## 任务 3.5　北汽集团探究

北汽集团全称为北京汽车集团有限公司。

### 3.5.1　集团公司简介

#### 1. 发展简介

北汽集团前身是创建于 1953 年的北京第一汽车附件厂,1958 年改名北京汽车制造厂,1965 年生产出我国第一代 BJ212 越野汽车;1973 年 7 月 30 日成立北京汽车工业公司。2010年11月,成立北京汽车集团有限公司。

北汽集团建立了分布全国十余城市的9个乘用车、8个商用车、3个新能源汽车、8个合资品牌汽车生产基地,与奔驰、现代公司等合资生产汽车,并在全球30多个国家建立生产工厂。

2017年北汽集团汽车销售量251.2万辆,排名全国第5。

**2. 集团公司商标(图3-20)**

商标像一个"北"字,指北京,其被简化成两个把手,连成一个转向盘,意指敞开大门、融世界、创未来、产品走向世界各地。

图3-20 北汽集团商标

### 3.5.2 北汽集团汽车品牌简介

北汽集团主要汽车品牌见表3-5。

表3-5 北汽集团主要汽车品牌

| 品牌 | 商标 | 主要车型 |
| --- | --- | --- |
| 北京汽车 | 北京汽车 BAIC MOTOR | 北京系列:BJ20、BJ40、BJ40PLUS、BJ80<br>绅宝系列:X25、X35、X65、D50、智行 |
| 北汽新能源 | BAIC BJEV 北汽新能源 | EC3、EC220、EU5、EU快换版、EX360 |
| 北汽福田 | FOTON 福田汽车 | 载货汽车:奥铃、欧马可、欧曼、瑞沃、时代<br>乘用车:伽途、拓陆者、萨瓦纳、风景、图雅诺、蒙派克<br>其他:欧辉客车、普罗科环境装备车、雷萨工程机械车 |
| 北京昌河 | 昌河汽车 CHANGHE | Q7、Q25、Q35、A6、M60、旺威407EV |
| 北京现代 | 北京现代 | ix25、ix35、瑞纳、领动、悦纳、伊兰特、悦动、名图、索纳塔、途胜、胜达等 |
| 北京奔驰 | Mercedes-Benz 北京奔驰 | 奔驰C级、E级、GLC、GLA |
| 福建奔驰 | Fujian Benz 福建奔驰 | V-Class、威霆、凌特 |
| 北汽银翔 | 北汽银翔 BAIC YINXIANG | 速幻系列:S系列(S2、S3L、S5、S6、S7)、H系列(H2、H3、H3F、H6)<br>KENBO系列:205、206、TD-205 |

**1. 北汽EU5新能源汽车**

北汽新能源纯电动汽车连续五年保持中国纯电动汽车市场销量第一,在2017年夺得全球纯电动汽车销量冠军。其EU5新能源汽车如图3-21所示,是一种高智能电动汽车,能全面监测整车260个部件数据,智能分析决策、智能分配电能、智能调校动力;其CATL三元锂蓄电池容量高(53.6kW·h)、安全性好(4种电池保护技术)、寿命长(电池质保8年或15万公里)、低温性能优(-35℃极寒可充电);电机为自主研发的第三代永磁同步电机,最大扭矩300N·m,最大功率160kW，百公里加速仅7.8s，最高安全车速155km/h，等速续航最高达570km；该车搭载了10项智能辅助驾驶技术，包括自适应巡航、车道偏离预警、行人前碰撞预警、车辆前碰撞预警、自动紧急制动等比较前沿的辅助驾驶技术，配合EMD3.0智能电驱技术，能精确监控行车安全并实时进行路径纠偏。

图3-21 北汽EU5新能源汽车

2. 北京BJ40（图3-22）

2013年推出的北京BJ40，搭载2.4L自然吸气发动机，最大功率105kW，配备5速手动变速器，以及手动分时四驱系统，集时尚硬派设计与超强越野性能于一身。

3. 绅宝汽车（图3-23）

绅宝原为瑞典萨博旗下的汽车品牌，2009年12月14日北汽收购了其相关知识产权。目前已经推出X系列、D系列等多款车型，其设计采用北欧风格，并融入宾法设计，风阻系数达到0.28，采用全球最先进的生产线，优质供应商。该系列汽车动力强劲，装配涡轮增压发动机，世界一流的运动型底盘，轻量化、操稳性、防侧倾、转向指向性表现突出，拥有后轮随动转向技术，Bosch第九代ESP，车身安全性好（侧视辅助系统、疲劳驾驶提醒装置、夜视仪表、四安全气囊、侧气帘等），配置高档（近百处隔音处理，全车声学玻璃、Bose环绕音响、麦克风补偿技术、音量随速调节等）。

图3-22 北京BJ40汽车

图3-23 绅宝D80汽车

4. 北汽福田

北汽福田汽车股份有限公司（简称北汽福田）由全国99家企业出资组建，成立于1996年8月28日，是一家跨地区、跨行业、跨所有制的国有控股上市公司。北汽福田在国内9个省市和日本、欧洲国家拥有汽车合资制造企业。

北汽福田的商标如图3-24所示。钻石造型突出了珍贵、恒久之意，象征福田人对优异质量和完美境界的追求；钻石图案所反映的透明、纯净感，体现了企业诚信的价值观；三条边象征多元化经营的业务结构；三条斜线构图自下而上代表了"突破、超越、领先"的三阶段竞争策略。

欧曼重型货车(图3-25)品牌始创于2002年,作为一个民族品牌,在短短3年里,发展成为了重型车辆市场最炙手可热的产品。2004年,欧曼汽车包揽了重型汽车行业"最佳商用车(物流类)""2004年度最佳安全重卡奖"两项大奖。

图3-24　福田商标

图3-25　欧曼重型货车

## 任务3.6　广汽集团探究

广汽集团全称为广州汽车集团股份有限公司。

### 3.6.1　集团简介

广汽集团是从1985年中法合资的广州标致汽车公司发展起来的,1997年6月成立广州汽车集团有限公司,2005年6月28日正式更名为广州汽车集团股份有限公司。

广汽集团是由广州汽车工业集团有限公司、万向集团公司、中国机械工业集团有限公司、广州钢铁企业集团有限公司、广州市长隆酒店有限公司共同发起设立的大型国有控股股份制企业集团。目前,集团拥有广汽乘用车、广汽本田、广汽丰田、广汽吉奥、广汽客车、广汽日野、广汽菲克等数十家知名企业。

2017年,广汽集团汽车销售量为200.1万辆,位居全国第6位。

广汽集团标志如图3-26所示。"G"是广汽集团英文缩写"GAC"的首字母。新标识代表着广汽集团的精湛品质与全球视野,是对"至精·志广"企业精神的全新演绎,意味着广汽集团将立足国内、放眼全球,以更博大的胸襟融合全球科技与人才,创造更大的成就与辉煌,成为卓越的国际化企业集团。

图3-26　广汽集团标志

## 3.6.2 汽车品牌简介

广汽集团主要汽车品牌见表3-6。

表3-6 广汽集团主要汽车品牌

| 品牌 | 商标 | 主要车型 |
|---|---|---|
| 广汽乘用车 | 广汽乘用车 GAC MOTOR | 传祺GM8、GE3、GA3S PHEV、GS4 PHEV、GS3、GS4、GS7、GS8、GA4、GA6、GA8 |
| 广汽本田 | 广汽 HONDA | 冠道、雅阁、奥德赛、缤智、凌派、锋范、飞度、理念S1 |
| 广汽丰田 | 广汽丰田 | C-HR、凯美瑞、致享、致炫、雷凌、汉兰达、埃尔法 |
| 广汽菲克 | 广汽菲克 GAC FCA | Jeep品牌(大指挥官、指南者、自由侠、自由光)、菲亚特品牌(菲翔、致悦) |
| 广汽三菱 | 广汽三菱 | 欧蓝德、劲炫、帕杰罗 |
| 广汽吉奥 | GAC GONOW | E美、星朗、GX6、奥轩G5、奥轩GX5 |
| 广汽日野 | 广汽日野 | 轿运车系列、厢式车系列、牵引车系列、危化品车 |
| 广汽客车 | GAC BUS | 城市客车系列 |

**1. 传祺(Trumpchi)**

传祺在2010年9月推出，采用世界先进的底盘和动力总成。2016年上市的GS5 Super(图3-27)进行了15项科技升级，包括1.8T涡轮增压、130kW动力，7速G-DCT手自一体变速器，0.2s换档时间，平顺省油，双叉臂前独立悬架，垂向控制臂多连杆后独立悬架，智能适时四驱。

**2. 本田雅阁(Accord)**

广汽本田雅阁的特点是广为接受的外形、精致的内饰、不错的动力、很好的操控能力，其质量一直被广泛认可。2013年9月，本田推出了第九代雅阁汽车(图3-28)，其发动机采用本田独创的i-VTEC技术，并且与汽油直喷系统相结合，相比第八代雅阁，峰值转矩输出提升了8%，燃油经济性提升了13%；采用了CVT无级变速器，6速手自一体变速器；采用了新一代ACE高级兼容性车身结构和智能安全气囊等配置；增加了盲点信息系统，主动巡航系统(ACC)，双液晶屏多媒体系统等。

图3-27 传祺GS5 Super

图3-28 第九代本田雅阁汽车

### 3. 凯美瑞（Camry）

日本丰田凯美瑞是全球销量最大的中高档轿车之一，连续 8 次成为美国年度最畅销轿车，全球累计销售量超过 1000 万辆。

广汽丰田凯美瑞轿车（图 3-29）自 2006 年上市以来，已经连续 15 次获得国内中高级轿车市场月销量冠军，并以 17 万辆的年销量夺得 2007 年度中高级轿车销量总冠军，荣获 2007 新车质量满意度第一。

图 3-29　广汽丰田凯美瑞轿车

## 任务 3.7　吉利集团探究

吉利集团全称为浙江吉利控股集团有限公司。

### 3.7.1　集团简介

#### 1. 发展简介

1986 年 11 月 6 日，民营企业家李书福（图 3-30）以制造电冰箱配件为起点开始了吉利控股创业历程。2003 年 3 月，吉利控股集团有限公司成立。

2010 年 3 月 28 日，吉利控股集团有限（以下简称吉利集团）公司收购沃尔沃轿车 100%的股权以及相关资产。

2017 年 6 月 23 日，吉利集团收购马来西亚 DRB-HICOM 集团旗下宝腾汽车（PROTON）49.9%的股份以及豪华跑车品牌路特斯（Lotus）51%的股份。2017 年 8 月 4 日吉利集团与沃尔沃汽车签订合资协议，正式成立领克（LYNK&CO）汽车合资公司。2018 年 2 月 23 日，吉利集团收购戴姆勒 9.69%股份，成为奔驰母公司戴姆勒的最大股东。

图 3-30　李书福

吉利控股集团有限公司目前是中国最早也是最大的民营汽车企业，连续 4 年进入世界 500 强企业。其总部在杭州市，在中国、美国、英国、瑞典、比利时、白俄罗斯、马来西亚建有世界一流的现代化整车工厂，产品销售及服务网络遍布世界各地，拥有各种专利 6500 多项。

2017 年，其汽车销售量为 130.5 万辆，排名全国第 7。

#### 2. 吉利车标

吉利车标如图 3-31 所示，源于六块腹肌的创意灵感，代表年轻、力量、阳刚和健康，寓意吉利年轻、向上、充满活力；图形为勋章/盾牌形状，给人安全感和信赖感，显示

图 3-31　吉利车标

吉利"安全呵护与稳健发展"的品牌特征；图形内由六块宝石组成，蓝色代表天空，黑色代表大地，象征吉利汽车驰骋天地之间；6个区域格局，昭示中正严谨、清晰醒目；色彩采用了蓝色、黑色及金色隔线，增强科技感、品质感、现代感。

### 3.7.2 汽车品牌简介

吉利集团主要汽车品牌见表 3-7。

表 3-7 吉利集团主要汽车品牌

| 品　牌 | 商　标 | 主　要　车　型 |
| --- | --- | --- |
| 吉利 | | 缤瑞、博瑞 GE、新博瑞、博越、帝豪系列（GS、GSe、GL、新帝豪、PHEV、EV450）、远景系列（新远景、SUV、S1、X3、X1)、金刚 |
| 沃尔沃 | | XC40、XC60、XC90、S60、S60L、S90、V40、V60、V90 |
| Polestar | | Polestar 系列 |
| 伦敦电动汽车 | | TX4、TX5 |
| 宝腾 | | X70 |
| 路特斯 | | Evora 400、Exige |
| 领克 | | 领克 01、02、03 |

**1. 吉利熊猫**

吉利熊猫汽车(图 3-32)于 2008 年 11 月正式上市，该系列有 7 个车型。造型融入了国宝"大熊猫"这一元素，大嘴巴、黑眼圈、尾灯一大四小像大熊猫脚印，获得"2009 年度最佳造型奖"。

吉利熊猫汽车采用 1.0L 和 1.3L 两种排量发动机，最大功率达 63kW，采用了 CVVT 技术，最高车速可达 165km/h。

吉利熊猫汽车采用五星安全标准设计，高刚性防撞车身、六气囊、侧气帘配置，溃缩吸能转向柱，标配 ABS EBD、转向锁止防盗、后车门儿童安全锁、塑料防爆工程油箱等。

### 2. 吉利美人豹

吉利美人豹汽车（图 3-33）是我国自主设计的第一款跑车，被称为中国"第一跑"，首次出现于 2001 年 6 月上海车展。2003 年 11 月 28 日，吉利美人豹投放市场。

吉利美人豹拥有"前突后翘的傲人身材"；前悬架采用滑柱摆臂式独立悬架，带横向稳定杆；后悬架采用带纵拉力杆的滑柱摆臂式独立悬架，带横向稳定杆，高速行驶时不容易感觉发飘。

2003 年，吉利美人豹被评为"中国风云车最佳跑车"，荣获"中国工业设计创新特别奖"，并被中国国家博物馆永久收藏与展示。

图 3-32 吉利熊猫汽车

图 3-33 吉利美人豹汽车

### 3. 沃尔沃（Volvo）汽车品牌

瑞典沃尔沃（也有译为富豪）公司创立于 1924 年，总部设在瑞典哥德堡。

沃尔沃商标（图 3-34）由图形图标和文字商标两部分组成，图形图标画成车轮形状，并有指向右上方的箭头，文字商标"VOLVO"为拉丁语，是滚滚向前的意思，寓意沃尔沃汽车的车轮滚滚向前和公司兴旺发达、前途无量。

图 3-34 沃尔沃商标

沃尔沃公司注重汽车质量、安全和对环境的影响，发明了汽车安全底盘、三点式紧缩安全带和侧撞防护系统等。沃尔沃主要车型有 S 系列的 S40、S70、S80、S90，V 系列的 V40、V70、V90 和 XC90 等。2008 款沃尔沃 XC90 汽车如图 3-35 所示。

### 4. 吉利博瑞（图 3-36）

吉利博瑞是 2015 年上市的中高级轿车，设计师为沃尔沃集团的前副总裁彼得·霍布里，该车型获得了 C-NCAP 五星安全评价。其标准型配备 1.8T GDT 涡轮增压直喷发动机，最大功率为 120kW，采用国 V 排放标准，装配 DSI 6 速手自一体变速器，多功能转向盘，EPS 电子助力转向，一键起动，HUD 抬头显示系统，PM2.5 空气净化器，自动分区空调，智能自适应导航，主动偏航警示系统，7 安全气囊，自动泊车辅助系统等。

图 3-35　2008 款沃尔沃 XC90 汽车

图 3-36　吉利博瑞汽车

## 任务 3.8　长城公司探究

长城公司全称为长城汽车股份有限公司。

### 3.8.1　公司简介

**1. 发展简介**

长城汽车股份有限公司成立于 2001 年 6 月 12 日。公司前身是成立于 1984 年的长城汽车制造厂，是中国最大的 SUV 制造企业，拥有四个整车生产基地，下属控股子公司 40 余家。

2017 年，长城汽车销售量 107.0 万辆，排名全国第 8。SUV 车型已连续 14 年保持了全国销量第一。

**2. 公司商标**

长城汽车商标如图 3-37 所示。椭圆外形寓意立足中国，走向世界；烽火台象征中国长城；剑锋箭头象征充满活力，蒸蒸日上，敢于亮剑，无坚不摧；立体 "1" 表示永争第一。

图 3-37　长城汽车商标

### 3.8.2　汽车品牌简介

长城汽车公司主要汽车品牌见表 3-8。

表 3-8　长城汽车公司主要汽车品牌

| 品　牌 | 商　标 | 主　要　车　型 |
| --- | --- | --- |
| 长城 | 长城汽车 | C30EV、风骏 6、风骏 5、行业用车、房车 |
| 哈弗 | HAVAL | H1、H2、H2s、H4、H5、H6、H6Coupe、H7、H8、H9、M6、F5 |

(续)

| 品牌 | 商标 | 主要车型 |
|---|---|---|
| WEY | WEY | VV5、VV6、VV7、P8 |
| 欧拉 | ORA 欧拉 | 欧拉 iQ |

1. 长城 C50（图 3-38）

长城 C50 搭载了长城自主研发的 GW4G1.5T 涡轮增压发动机，最大功率为 98kW，匹配 CVT 自动变速器和 5 速手动变速器。自 2011 年上市以来，C50 得到众多消费者青睐。

2. 长城哈弗 H9 汽车（图 3-39）

2016 款哈弗 H9 在越野性能、科技装备、整车舒适性三方面进行了优化升级，采用了 16G 地图内存，支持模糊搜索和语音搜索功能；对前后螺旋簧及稳定杆进行了优化，配备了后桥电子差速锁；配置 360°影像环视系统、车道偏离预警系统以及 Nuance 语音识别系统，保障驾乘人员的行车安全。

图 3-38　长城 C50 汽车

图 3-39　长城哈弗 H9 汽车

## 任务 3.9　华晨集团探究

华晨集团全称为华晨汽车集团控股有限公司。

### 3.9.1　集团简介

华晨集团的前身是组建于 1991 年的沈阳金杯客车制造有限公司。1991 年 11 月，第一辆金杯海狮在沈阳成功下线。2002 年 9 月，华晨汽车集团控股有限公司正式成立。

华晨集团现有控股和参股公司 100 多家，主要企业有沈阳华晨金杯汽车有限公司、华晨宝马汽车有限公司和金杯车辆制造有限公司 6 个整车制造厂以及 30 余家汽车发动机及汽车零部件企业。

2017年，华晨集团汽车销售量74.6万辆，位居全国第9位。

### 3.9.2 华晨集团汽车品牌简介

华晨集团主要汽车品牌见表3-9。

表3-9 华晨汽车集团主要汽车品牌

| 品 牌 | 商 标 | 主 要 车 型 |
| --- | --- | --- |
| 金杯 | | 金杯轻型载货汽车(领骐、骐运、领驰、金运、微卡)<br>金杯轻客(海狮、阁瑞斯、S50) |
| 中华 | | V3、V5、V6、V7、H3、H530 |
| 华颂 | | 华颂7系列 |
| 华晨宝马 | | 3系列、5系列、X系列 |

#### 1. 金杯

1991年11月，第一辆金杯海狮汽车(图3-40)在沈阳成功下线。它是采用丰田技术、模具和丰田管理方式生产的产品。

金杯海狮汽车的产销量连续10年居于全国轻型客车市场占有率榜首，以接近60%的市场占有率和超过60万辆的市场保有量居轻型客车之首。

#### 2. 中华

中华轿车于2000年12月在沈阳下线，由设计过宝马等名车的世界顶级设计大师乔治·亚罗主持设计，整车性能由国际权威机构英国汽车工业研究协会(MIRA)试验鉴定，冲压、装焊、涂装、总装四大工艺设备由世界著名汽车设备制造公司SCHULER、KUKA、DURR、SCHENCK等企业提供。

图3-40 金杯海狮汽车

中华轿车(图3-41)车身气派、动感，风阻系数仅0.293；配备三菱一体化动力总成，发动机双平衡轴设计，电子解码防盗系统；进口原装变速器、底盘，德国原装ABS，吸能式转向管柱及前后吸能式保险杠，前后多连杆独立悬架系统。

#### 3. 华晨宝马

2003年3月27日，华晨与德国宝马签约，合资生产宝马系列轿车。

2008年1月31日,华晨公司推出2008款宝马325i轿车(图3-42)。该车型装配了BMW全球领先的超轻铝镁合金直列6缸发动机,排量2.495L,可变气门正时系统,排放达欧Ⅳ标准,百公里加速时间为7.3s;配置ITS头部保护等8个气囊,下坡控制系统,动态制动控制系统,自动防滑稳定控制系统+循迹装置(ASC+T),驻车距离警示系统(PDC),雨量传感器,车灯自动控制功能,BMW 6片装CD换片机。

图3-41 中华轿车

图3-42 华晨宝马汽车

## 任务3.10 奇瑞公司探究

奇瑞公司全称为奇瑞汽车股份有限公司。

### 3.10.1 公司简介

#### 1. 发展简介

1997年,由安徽省5个投资公司共同投资组建了奇瑞汽车股份有限公司。2012年11月,公司与英国捷豹路虎汽车各出资50%组建奇瑞捷豹路虎汽车有限公司。

奇瑞公司总部在安徽省芜湖市,在芜湖、大连、鄂尔多斯、常熟以及巴西、伊朗、委内瑞拉、俄罗斯等国共建有14个生产基地。公司拥有一支5000余人的研发团队,截至2016年,获得国家专利9155件,居国内车企第一。累计出口乘用车超过125万辆,连续14年保持中国乘用车出口第一位。

2017年,奇瑞公司的汽车销售量67.3万辆,位居全国第10位。

#### 2. 公司商标

奇瑞汽车公司商标如图3-43所示,"奇"在中文有"特别的"之意,"瑞"有"吉祥如意"之意,合起来是"特别吉祥如意"的意思。标志整体CAC是英文CHERY AUTOMOBILE CORPORATION LIMITED的缩写,中文意思是奇瑞汽车有限公司;

图3-43 奇瑞汽车公司商标

标志中间 A 为一变体的"人"字，预示着公司以人为本的经营理念；商标两边的 C 字向上环绕，如同人的两个臂膀，象征着一种团结和力量，环绕成地球形的椭圆状；标志中间 A 的钻石形构图，代表了奇瑞汽车对品质的苛求，并以打造钻石般的品质为企业坚持的目标。蓬勃向上的人字形支撑，则代表了奇瑞汽车执着创新、积极乐观、乐于分享的向上能量，支撑起追求品质、技术、国际化的奇瑞汽车不断前行，同时还喻示奇瑞汽车追求卓越和领先的决心和激情。

### 3.10.2 汽车品牌简介

奇瑞公司主要汽车品牌见表 3-10。

表 3-10 奇瑞公司主要汽车品牌

| 品　　牌 | 商　　标 | 主　要　车　型 |
|---|---|---|
| 奇瑞 | CHERY | 艾瑞泽系列（艾瑞泽 GX、艾瑞泽 5、艾瑞泽 7e、新艾瑞泽 7）、瑞虎系列（瑞虎 8、瑞虎 5x、瑞虎 7、瑞虎 3x、瑞虎 3）、QQ |
| 奇瑞捷豹路虎 | JAGUAR LAND·ROVER 奇瑞·捷豹路虎 | 路虎揽胜极光、路虎发现神行、捷豹 XFL、捷豹 XEL、捷豹 E-PACE |
| 观致 | QOROS 观致汽车 | 观致 3、观致 5 |

**1. 奇瑞 QQ**

奇瑞 QQ 汽车（图 3-44）于 2003 年 5 月 31 日投放市场。

奇瑞 QQ 外观时尚，具有个性和青春气息，车体为单厢设计，外形动感俏皮，色彩亮丽活泼；配置单安全气囊，前、后排三点式安全带，前、后座椅双轨同步四向调节，分体式后座可独立翻转，装配空调及可选装天窗和 ABS，4 声道立体声收音机，可选装多碟 CD。

图 3-44 奇瑞 QQ 汽车

2004 年推出的奇瑞 0.8L 系列产品的发动机为由奇瑞公司与世界知名发动机设计公司联合设计开发的 372 型发动机，与普通 0.8L 发动机相比具有更大功率、更省油的优点。

**2. 奇瑞瑞虎 7（2018 款）**

奇瑞瑞虎 7（2018 款）是目前奇瑞品牌旗下的旗舰 SUV 车型（图 3-45），车型可选 1.5T 或 2.0L 发动机两款动力系统，1.5T 发动机是由奇瑞和 AVL 公司共同研发的产品，最大功率108kW，峰值转矩210N·m。与之匹配的6速双离合变速器是奇瑞与格特拉克公司共同研发的产物。中控台上方为9英寸触摸屏，搭载了全新的 Cloudrive 3.0 智云互联行车系统，支持蓝牙音乐、智能语音、手机映射、CarPlay、CarLife 以及远程控制等功能。

图 3-45 奇瑞瑞虎 7（2018 款）

### 3. 奇瑞艾瑞泽（图 3-46）

2015 年 3 月奇瑞艾瑞泽上市，其发动机为 1.5T 涡轮增压，最大功率 112kW；装配 7 速 CVT，百公里加速时间 9.9s；装配后多连杆独立悬架，车速 80km/h 时能平稳转弯。

图 3-46 奇瑞艾瑞泽汽车

## 任务 3.11 比亚迪公司探究

比亚迪公司全称是比亚迪股份有限公司。

### 3.11.1 公司简介

#### 1. 发展简介

比亚迪公司创建于 1995 年 2 月，主要从事 IT、汽车和新能源三大产业。2008 年 9 月 27 日，美国著名投资商巴菲特投资比亚迪 2.25 亿股股份。2010 年 5 月 27 日，比亚迪戴姆勒新技术有限公司成立。

比亚迪公司目前已建成西安、北京、深圳、上海四大汽车产业基地，在全球建立了 30 多个工业园。

2017 年，比亚迪公司汽车销售量 41.6 万辆，其中新能源乘用车销量 11.3 万辆，产品销往全球 50 个不同的国家和地区，200 多个不同的城市。2015 年 9 月 14 日，比亚迪获得"联合国能源特别奖"。

### 2. 公司商标(图 3-47)

BYD 是英文 Build Your Dream 的缩写,意思是"成就您的梦想",外围是个椭圆,预示比亚迪汽车走向世界。

图 3-47　比亚迪汽车公司商标

### 3.11.2　主要汽车品牌

主要汽车品牌见表 3-11。

表 3-11　比亚迪公司主要汽车品牌

| 品　　牌 | | 主　要　车　型 |
| --- | --- | --- |
| 电动汽车 | 新能源乘用车 | 秦 EV450、全新一代唐 DM、全新一代宋 DM、全新一代宋 EV500、元 EV360 |
| | 纯电动出租车 | e6、e5 450 |
| | 纯电动客车 | K9、K8、K7、K6、K8S、机场摆渡车、C6、C7、C8 |
| | 纯电动货车及专用车 | T3、T4、T5、T7、T10、Q1、T8SA、T8B、T8A |
| 传统汽车 | 轿车 | F3 2018 款、F0、速锐 2018、全新一代唐、全新一代宋、元、S7、M6 |

#### 1. 比亚迪 e6 纯电动汽车(图 3-48)

比亚迪 e6 纯电动汽车,动力强劲,最大功率为 90kW;续行里程长,不开空调情况下,综合工况续驶里程最长达 400km;节能环保,产生的费用只相当于燃油车的 1/4,且零排放;多功能液晶组合仪表盘系统,6 安全气囊,右前轮盲区可视、彩显倒车影像,8 重防电,碰撞自动断电。

#### 2. 比亚迪 F3 轿车(图 3-49)

比亚迪 F3 轿车 2005 年 4 月 16 日下线,在 10 个月内获得各类奖项 68 个,在国家知识产权局和中国中央电视台的《CCTV2005 创新盛典》中荣膺关注度最高的"自主创新奖"。

图 3-48　比亚迪 e6 纯电动汽车

图 3-49　比亚迪 F3 轿车

## 项目小结

1) 目前我国主要汽车集团公司有上汽、一汽、东风、长安、北汽、广汽、吉利、长城、华晨、奇瑞和比亚迪等。

2) 上汽集团主要汽车品牌有上汽乘用车、上汽大众、上汽通用、上汽通用五菱、上汽大通、申沃客车、上汽依维柯红岩、南京依维柯等。

3) 一汽集团主要汽车品牌有一汽红旗、一汽解放、一汽轿车、一汽大众、一汽丰田等。

4) 东风集团主要汽车品牌有东风商用车、东风标致、东风日产、东风英菲尼迪、东风风神、东风风行、东风风光、东风雪铁龙、东风本田、东风悦达起亚、东风裕隆纳智捷、东风雷诺等。

5) 长安集团主要汽车品牌有长安汽车、长安福特、长安铃木、长安马自达、长安标致雪铁龙、陆风汽车、哈飞汽车等。

6) 北汽集团主要汽车品牌有北京汽车、北京现代、北汽福田、北京奔驰、北汽昌河、北汽新能源、福建奔驰、北汽银翔等。

7) 广汽集团主要汽车品牌有广汽乘用车、广汽本田、广州丰田、广汽菲克、广汽三菱、广汽吉奥、广汽日野、广汽客车等。

8) 吉利集团主要汽车品牌有吉利、沃尔沃、Polestar、伦敦电动汽车、宝腾、路特斯、领克等。

9) 长城汽车公司主要汽车品牌有长城、哈弗、WEY、欧拉等。

10) 华晨集团主要汽车品牌有金杯、中华、华颂、华晨宝马等。

11) 奇瑞公司主要汽车品牌有奇瑞、奇瑞捷豹路虎、观致等。

12) 比亚迪集团主要汽车品牌有新能源乘用车(秦、唐、宋、元等系列)、纯电动出租车、纯电动客车、纯电动货车及专用车、传统燃油汽车等。

## 习题与思考题

1. 辨认我国主要汽车集团公司商标及其含意。
2. 辨认我国主要汽车集团公司的汽车品牌及车标。
3. 上网检索我国某汽车集团公司的发展历史、现状及其汽车品牌,然后大家进行交流。
4. 谈谈我国应该如何发展自主品牌汽车。

# 项目4 汽车基本结构与原理

**教学目标与要求**

- 掌握汽车的定义和基本分类。
- 掌握汽车的基本组成和作用。
- 了解汽车发动机的基本结构和工作原理。
- 了解汽车底盘的基本结构和工作原理。
- 了解汽车车身的基本结构和工作原理。

## 任务 4.1 汽车总体组成与分类识别

### 4.1.1 汽车定义

不同国家、不同时代对汽车的定义有所不同。

根据 GB 7258—2017 的规定,我国对汽车的定义是:由动力驱动、具有四个或四个以上车轮的非轨道承载的车辆,包括与电力线相联的车辆(如无轨电车),主要用于载运人、货物及其他的一些特殊用途;整车整备质量超过 400kg、不带驾驶室、用于载运货物的三轮车辆,和整车整备质量超过 600kg 的带驾驶室的三轮车辆,以及整车整备质量超过 600kg、不带驾驶室、不具有载运货物结构或功能且设计和制造上最多乘坐 2 人(包括驾驶人)的三轮车辆也属于汽车。

### 4.1.2 汽车总体组成

汽车总体由发动机、底盘和车身(包括电气设备)三大部分组成(图 4-1)。

**发动机**:它是汽车的动力驱动装置,现代汽车发动机主要采用的是往复活塞式内燃机,负责将燃料燃烧所产生的热

图 4-1 汽车总体组成

能转化为机械能。它一般由机体组件、曲柄连杆机构、进排气系统、燃料供给系统、润滑系统、冷却系统、点火系统和起动系统组成。

**底盘**：负责将发动机的动力进行传递和分配，并按驾驶人的要求行驶（加速、减速、转向、制动等）。它一般由传动系统、行驶系统、转向系统、制动系统等组成。

**车身(包括电气设备)**：是驾驶人操作和容纳乘客及货物的场所。一般由车身本体、开启件(各种门、窗、行李舱和车顶盖等)、附件(各种座椅、内外饰、仪表电器、刮水器、洗涤器、风窗除霜装置、空调等)和安全保护装置(保险杠、安全带、安全气囊等)组成，载货车及专用车辆还有货箱及专用设备。

### 4.1.3 汽车分类

汽车类型繁多，根据 GB 7258—2017 规定，我国汽车分为 11 类，按用途可分为载客汽车和载货汽车等 5 类，具体分类见表 4-1。

载客汽车是主要用于载运人员的，包括装置有专用设备或器具但以载运人员为主要目的的汽车。其中客车是主要用于载运乘客及其随身行李的汽车，包括驾驶人座位在内座位数超过 9 个。校车是用于有组织地接送 3 周岁以上学龄前幼儿或接受义务教育的学生上下学的 7 座以上的载客汽车。

载货汽车（货车）是主要用于载运货物或牵引挂车的汽车，包括装置有专用设备或器具但以载运货物为主要目的的汽车。

表 4-1 汽车分类（按用途）

| 分 类 | | | 定 义 |
|---|---|---|---|
| 乘用车 | | | 主要用于载运乘客及其随身行李和/或临时物品的汽车，包括驾驶人座位在内最多不超过 9 个座位。它可以装置一定的专用设备或器具，也可以牵引一辆中置轴挂车 |
| 旅居车 | | | 装备有睡具及其他必要的生活设施、用于旅行宿营的汽车 |
| 载客汽车 | 客车 | 未设置乘客站立区的客车 | 公路客车（长途客车） | 专门从事旅客运输的客车（包括卧铺客车） |
| | | | 旅游客车 | 专门用于运载游客的客车 |
| | | | 未设置乘客站立区的公共汽车 | 有固定的公交营运线路和车站，主要在城市道路运营的客车 |
| | | | 专用客车 | 用于载运特定人员并完成特定功能的客车，也包括装置有专用设备或器具，座位数（包括驾驶人座位）超过 9 个的专用汽车 |
| | | 设有乘客站立区的客车 | | 指最大设计车速小于 70km/h、设有座椅及乘客站立区，并有足够的空间供频繁停站时乘客上下车走动，有固定的公交营运线路和车站，主要在城市建成区运营的客车（也包括无轨电车） |
| | 校车 | 幼儿校车 | | 接送 3 周岁以上学龄前幼儿上下学的校车 |
| | | 小学生校车 | | 接送小学生上下学的校车 |
| | | 中小学生校车 | | 接送九年制义务教育阶段学生（小学生和初中生）上下学的校车 |
| | | 专用校车 | | 专门用于运送 3 周岁以上学龄前幼儿或义务教育阶段学生的校车 |

(续)

| 分 | 类 | | 定 义 |
|---|---|---|---|
| 载货汽车 | 半挂牵引车 | | 装备有特殊装置用于牵引半挂车的汽车 |
| | 低速汽车 | 低速货车 | 最大设计车速小于70km/h的，具有四个车轮的载货汽车 |
| | | 三轮汽车 | 最大设计车速小于或等于50km/h的，具有三个车轮的载货汽车 |
| 专项(专用)作业车 | | | 装置有专用设备或器具，用于工程专项（包括卫生医疗）作业的汽车，如汽车起重机、消防车、混凝土泵车、清障车、高空作业车、扫路车、吸污车、钻机车、仪器车、检测车、监测车、电源车、通信车、电视车、采血车、医疗车、体检医疗车等，但不包括装置有专用设备或器具而座位数（包括驾驶人座位）超过9个的汽车（消防车除外） |
| 教练车 | | | 专门从事驾驶技能培训的汽车 |
| 残疾人专用车 | | | 在采用自动变速器的乘用车上加装符合标准和规定的驾驶辅助装置，专门供特定类型的肢体残疾人驾驶的汽车 |

**按发动机位置及驱动形式分**：分为前置发动机前轮驱动(FF)、前置发动机后轮驱动(FR)、中置发动机后轮驱动(MR)、后置发动机后轮驱动(RR)和四轮驱动(4WD)5种（图4-2）。前置发动机前轮驱动是指发动机位于汽车前部，前轮是驱动轮。四轮驱动是指汽车4个车轮都是驱动轮，一般用于越野车。

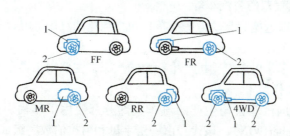

图4-2 汽车发动机位置及驱动形式

1—发动机 2—驱动轮 FF—前置发动机前轮驱动
FR—前置发动机后轮驱动 MR—中置发动机后轮驱动
RR—后置发动机后轮驱动 4WD—四轮驱动

汽车驱动情况常用4×2、4×4等表示，乘号前数字表示汽车总车轮数，乘号后数字表示汽车驱动轮数。

**轿车按车身分类**：有一厢式（发动机舱、客舱和行李舱在外形上形成一个空间形态）、二厢式（发动机舱、客舱和行李舱在外形上形成两个空间形态）、三厢式（发动机舱、客舱和行李舱在外形上形成3个空间形态）（图4-3）。若轿车顶盖不可开启，称该车身为闭式；若客舱顶为敞顶或按需要可开闭，称该车身为开式。

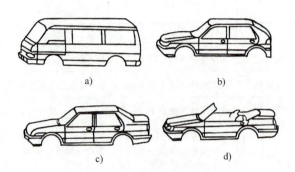

图 4-3 轿车车身分类

a) 一厢式　b) 二厢式　c) 三厢式　d) 开式

**按汽车动力装置类型分**：有内燃机汽车、电动汽车和燃气轮机汽车三类。

**内燃机汽车**是指安装有内燃机，燃料在气缸内燃烧所产生的热能转化为机械能的汽车。如汽油车(以汽油为燃料)、柴油车(以柴油为燃料)、气体燃料汽车(以天然气、液化石油气等气体为燃料)、两用燃料汽车和双燃料汽车。

两用燃料汽车有两套相互独立的燃料供给系统，它们分别但不共同向气缸供给燃料。如汽油/压缩天然气两用汽车等。

双燃料汽车有两套燃料供给系统，它们按预定的配比共同向气缸供给燃料。如柴油-压缩天然气双燃料汽车等。

**电动汽车**是以电能为驱动力的汽车，包括纯电动汽车、混合动力电动汽车和燃料电池电动汽车。

**燃气轮机汽车**是以燃气轮机产生动力的汽车，主要用于赛车。

### 4.1.4　汽车代号

现在世界各国汽车公司生产的汽车大部分都使用了车辆识别代号(Vehicle Identification Number, VIN)，该代号由一组字母和阿拉伯数字组成，共 17 位，又称 17 位识别代号。它是识别一辆汽车不可缺少的工具，一辆汽车只有一个代号，就像人的身份证号码，故又称为"汽车身份证"。

从 VIN 中可以识别出该车的生产国家、制造厂家、汽车类型、驱动类型、车身形式、发动机型号、生产年份等信息，它是汽车修理、配件选购的重要依据。

我国汽车代号(GB/T 16735—2004)已经与国际车辆识别代号接轨，由 3 部分 17 位字码组成(图 4-4)。对年产量≥500 辆的制造厂，车辆识别代号的第一部分为世界制造厂识别代号(WMI)；第二部分为车辆说明部分(VDS)；第三部分为车辆指示部分(VIS)。

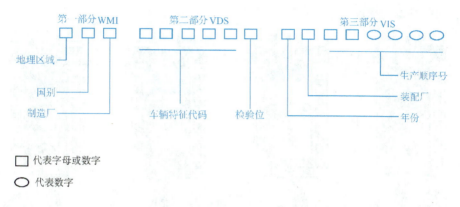

图 4-4 我国车辆识别代号

## 任务 4.2 汽车发动机基本结构原理观察

现代汽车发动机主要采用的是四冲程往复活塞式内燃机，有汽油机和柴油机两种。

### 4.2.1 汽油机基本结构及工作原理

#### 1. 单缸四冲程汽油机基本结构

一台车用汽油机，由上万个零部件组成，构造虽然复杂，但其基本结构都是由多个相同的单缸机组成(图 4-5)，活塞在气缸中作往复运动，并通过连杆推动曲轴转动。气缸上方装有气缸盖，气缸盖上开有进气道和排气道，并分别由进气门和排气门控制开闭，气缸盖上还安装有火花塞和喷油器。

#### 2. 四冲程汽油机工作原理(图 4-6)

(1) 进气行程 当活塞从上止点(活塞顶面离曲轴中心最远处)向下止点(活塞顶面离曲轴中心最近处)运动时(相当于曲轴转角 0°~180°)，进气门开启，排气门关闭，喷油器向进气道喷油，空气与汽油混合气便被吸入气缸，该过程称为进气行程。

(2) 压缩行程 当活塞继续从下止点向上止点运动时(相当于曲轴转角 180°~360°)，进、排气门关闭，进入气缸的混合气被压缩，该过程称为压缩行程。

压缩行程的作用：一是提高进入气缸内

图 4-5 汽车发动机基本结构

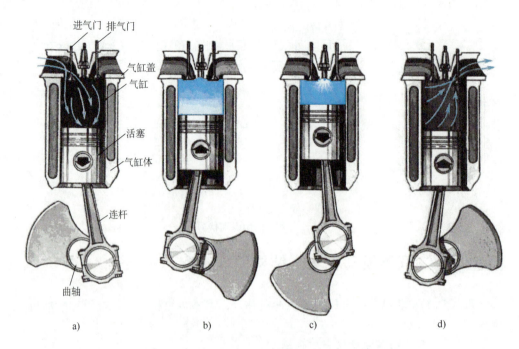

图 4-6 四冲程汽油机工作原理
a) 进气行程  b) 压缩行程  c) 做功行程  d) 排气行程

混合气的压力和温度(压缩终了的气缸内气体压力可达 0.6~1.2MPa,热力学温度达 600~700K),为混合气迅速着火燃烧创造条件;二是可以有效提高发动机的燃烧热效率。

气缸内气体被压缩的程度用压缩比 $\varepsilon$ 表示

$$\varepsilon = \frac{V_a}{V_c}$$

式中  $V_a$——气缸总容积(活塞处于下止点时,活塞顶部以上的气缸容积);

$V_c$——气缸燃烧室容积(活塞处于上止点时,活塞顶部以上的气缸容积)。

现代汽油机压缩比一般为 7~11。当气缸、活塞等磨损到一定程度,或气门不密封时,将导致发动机压缩气体外泄,热效率和功率下降,应进行修理。

(3) 做功行程(膨胀行程)  在压缩行程末,火花塞开始点火,进、排气门都关闭,进入气缸的可燃混合气被点燃、燃烧,放出大量的热能,导致气缸内气体压力和温度迅速增加(最高压力达 5MPa,最高热力学温度达2800K),气体体积急剧膨胀,推动活塞从上止点向下止点运动(相当于曲轴转角 360°~540°),通过连杆使曲轴旋转并输出机械能,该过程称为做功行程。

(4) 排气行程  活塞继续从下止点往上止点运动(相当于曲轴转角540°~

720°),这时,进气门关闭,排气门开启,燃烧后产生的废气被排出气缸,该过程称为排气行程。

排气结束后,又重新进行进气、压缩、做功和排气行程,循环往复。工作过程见表4-2。像这种活塞在上、下止点间往复移动四个行程(相当于曲轴旋转了两周),完成进气、压缩、做功、排气一个工作循环的发动机就称为四冲程发动机。

表4-2 四冲程发动机工作过程

| 行程名称 | 曲轴转角/(°) | 活塞行向 | 进气门 | 排气门 |
|---|---|---|---|---|
| 进气 | 0~180 | ↓ | 开 | 关 |
| 压缩 | 180~360 | ↑ | 关 | 关 |
| 做功 | 360~540 | ↓ | 关 | 关 |
| 排气 | 540~720 | ↑ | 关 | 开 |

### 3. 多缸发动机结构特点

单缸发动机功率小,转速不均匀,工作振动大,现代汽车发动机都是采用多缸发动机,用得最多的是4缸、6缸、8缸发动机。多缸发动机由多个结构相同的气缸组成,它们一般共用一个机体,一根曲轴。曲轴的曲柄布置应该使各缸做功行程均匀分布在720°曲轴转角内。如4缸发动机

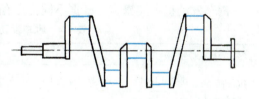

图4-7 4缸机发动机曲轴

曲轴(图4-7)相邻工作缸的曲柄夹角为180°,曲轴每转180°便有一个气缸做功,其工作顺序有1-3-4-2和1-2-4-3两种,前者各缸的工作循环见表4-3。

表4-3 4缸发动机工作循环(工作顺序1-3-4-2)

| 曲轴转角/(°) | 第 一 缸 | 第 二 缸 | 第 三 缸 | 第 四 缸 |
|---|---|---|---|---|
| 0~180 | 做功 | 排气 | 压缩 | 进气 |
| 180~360 | 排气 | 进气 | 做功 | 压缩 |
| 360~540 | 进气 | 压缩 | 排气 | 做功 |
| 540~720 | 压缩 | 做功 | 进气 | 排气 |

多缸发动机所有气缸工作容积之和就称为该发动机的排量,一般以升表示。发动机的排量越大,功率也越大。

### 4.2.2 柴油机结构特点与工作原理

柴油机所用的燃料是柴油。与四冲程汽油机相比,其特点是没有火花塞、喷油器直接安装在气缸顶向气缸内喷油(图4-8)。

四冲程柴油机工作原理与四冲程汽油机也有所不同,在进气行程进入气缸的是纯空气,而不是可燃混合气;在压缩行程末,喷油器向气缸喷入高压柴油,由于气缸的高温高压作用,柴油迅速着火燃烧,使气体急剧膨胀,推动活塞做功。其着火方式属于压燃式,而不是汽油机的点燃式。

柴油机的压缩比比汽油机高得多,一般为16~22,所以最高燃烧压力也比汽油机高,工作也比汽油机粗暴。但柴油机比汽油机省油,相同排量的柴油汽车比汽油汽车省油近30%,欧洲接近50%的轿车和轻型汽车使用柴油机,我国的新"汽车产业发展政策"也提出推广柴油轿车的方针。

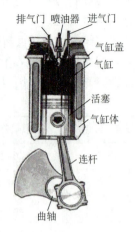

图4-8 柴油机工作原理

### 4.2.3 汽车发动机的分类

汽车发动机种类繁多,根据不同特点有不同分类(表4-4)。

表4-4 汽车发动机的分类

| 分类方法 | 类别 | 含义 |
| --- | --- | --- |
| 按行程数分 | 二冲程内燃机 | 活塞经过两个行程完成一个工作循环的内燃机 |
|  | 四冲程内燃机 | 活塞经过四个行程完成一个工作循环的内燃机 |
| 按着火方式分 | 点燃式内燃机 | 压缩气缸内的可燃混合气,并用外源点火燃烧的内燃机 |
|  | 压燃式内燃机 | 压缩气缸内的空气或可燃混合气,产生高温,引起燃料着火的内燃机 |
| 按使用燃料种类分 | 液体燃料内燃机 | 燃烧液体燃料(汽油、柴油、醇类等)的内燃机 |
|  | 气体燃料内燃机 | 燃烧气体燃料(液化石油气、天然气等)的内燃机 |
|  | 多种燃料内燃机 | 能够使用着火性能差异较大的两种或两种以上燃料的内燃机 |
| 按进气状态分 | 非增压内燃机 | 进入气缸前的空气或可燃混合气未经压缩的内燃机。对于四冲程内燃机亦称自吸式内燃机 |
|  | 增压内燃机 | 进入气缸前的空气或可燃混合气先经过压气机压缩,借以增大充量密度的内燃机 |
| 按冷却方式分 | 水冷式内燃机 | 用冷却液冷却气缸和气缸盖等零件的内燃机 |
|  | 风冷式内燃机 | 用空气冷却气缸和气缸盖等零件的内燃机 |

(续)

| 分类方法 | 类 别 | 含 义 |
|---|---|---|
| 按气缸数及布置分 | 单缸内燃机 | 只有一个气缸的内燃机 |
| | 多缸内燃机 | 具有两个或两个以上气缸的内燃机 |
| | 立式内燃机 | 气缸布置于曲轴上方且气缸中心线垂直于水平面的内燃机 |
| | 卧式内燃机 | 气缸中心线平行于水平面的内燃机 |
| | 直列式内燃机 | 具有两个或两个以上直立气缸，并呈一列布置的内燃机 |
| | V形内燃机 | 具有两个或两列气缸，其中心线夹角呈V形，并共用一根曲轴输出功率的内燃机 |
| | 斜置式内燃机 | 气缸中心线与水平面呈一定角度(不是直角)的内燃机 |

### 4.2.4 汽车发动机各系统结构原理

目前汽车发动机基本是采用往复活塞式内燃机，其组成都是在一个机体上安装一个机构(曲柄连杆机构)和六大系统(进排气系统、燃料供给系统、润滑系统、冷却系统、点火系统和起动系统)，柴油机则为五大系统，没有点火系统。

**1. 发动机机体组件**

机体组件是发动机的骨架，安装着发动机的所有主要零件和附件，承受各种载荷，内部有油道和水道。它主要由气缸体、气缸(或气缸套)、气缸盖和气缸垫等零件组成(图4-9)。

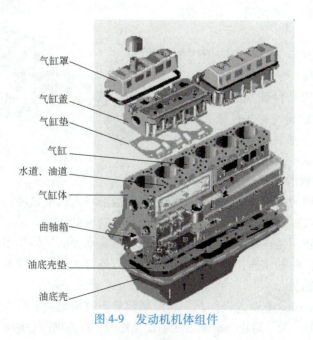

图4-9 发动机机体组件

气缸体上部加工有气缸，内部铸有许多加强肋，冷却水套和润滑油道等。

气缸是活塞运动和燃烧做功的场所，如果磨损严重，将导致发动机功率下降、油耗升高、起动困难，应及时检修。

气缸盖安装在气缸体上方，从上部密封气缸。气缸盖下端面、活塞顶部和气缸壁一起构成燃烧室，气缸壁内铸有冷却水套。

气缸盖上还装有进、排气门座和气门导管，用于安装进、排气门，还有进、排气道等。汽油机的气缸盖上加工有安装火花塞的孔，柴油机的气缸盖上则加工有安装喷油器的孔。顶置凸轮轴式发动机的气缸盖上还加工有凸轮轴轴承孔。

气缸垫安装在气缸盖和气缸体之间，其功用是保证气缸盖与气缸体接触面的密封，防止漏气、漏水和漏油。

### 2. 曲柄连杆机构

曲柄连杆机构包括活塞、连杆、曲轴、飞轮等，如图4-10所示。

活塞一般采用高强度铝合金制造，顶部加工成各种形状，头部加工有活塞环槽，用以安装活塞环。为了使活塞在正常工作温度下与气缸壁保持比较均匀的间隙，以免在气缸内卡死，活塞裙部往往加工成椭圆、锥形或阶梯形。

活塞环是具有弹性的开口环，有气环和油环之分。

气环的作用是保证气缸与活塞间的密封性，防止漏气，并且把活塞顶部吸收的大部分热量传给气缸壁；油环起布油和刮油作用，下行时刮除气缸壁上多余的润滑油，上行时在气缸壁上铺涂一层均匀的油膜。这样既可以防止润滑油窜入气缸燃烧，又可以减少活塞、活塞环与气缸壁的摩擦阻力，还能起到封气的辅助作用。

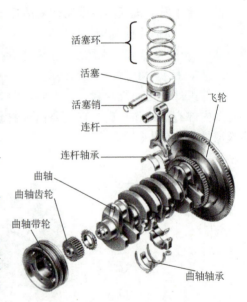

图4-10 曲柄连杆机构

活塞销的作用是连接活塞和连杆小头，将活塞承受的气体作用力传给连杆。

连杆大头与曲轴相连，一般都采用分开式。连杆大头孔内装有瓦片式滑动轴承，简称连杆轴瓦。

曲轴是发动机最重要的机件之一，前端装有正时齿轮，驱动风扇和水泵的带轮及曲轴链轮等。为了防止润滑油沿曲轴轴颈外漏，在曲轴前后端常安装有甩油盘和油封。

为了润滑曲轴主轴颈和连杆轴颈，在轴颈上还钻有油孔，油孔通过斜油道相通，并与机体的主油道联通。

飞轮是一个很重的铸铁圆盘，用螺栓固定在曲轴后端的接盘上。其主要功用是用来储存做功行程的能量，用于克服进气、压缩和排气行程的阻力和其他阻力，使曲轴能均匀地旋转。飞轮外缘压有齿圈，与起动电动机的驱动齿轮啮合，供起动发动机用。汽车离合器也装在飞轮上，飞轮后端面作为驱动件的摩擦面，用来对外传递动力。

3. 发动机进排气系统

进排气系统的作用是根据发动机各缸的工作循环和点火次序适时地开启和关闭各缸的进、排气门，使足量的空气或空气与燃油的混合气及时地进入气缸，并及时地将废气排出。

进排气系统主要由空气滤清器、进气管系、配气机构（含凸轮轴、气门组件等）、排气管系和消声器等组成（图4-11）。

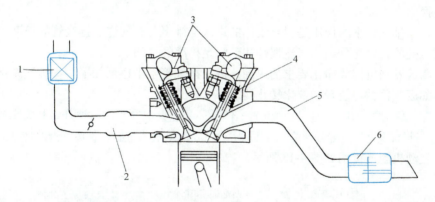

图4-11 发动机换气系统组成

1—空气滤清器 2—进气管系 3—凸轮轴 4—气门组件 5—排气管系 6—消声器

空气滤清器的作用是去除新鲜空气中的尘埃和油雾。有试验证明，空气中灰尘的75%以上是高硬度的$SiO_2$，发动机不装空气滤清器，将使活塞磨损量增加3倍，活塞环磨损量增加9倍，发动机寿命将缩短2/3。

现代轿车常用的干式纸滤芯空气滤清器如图4-12所示，在滤清器外壳2内装有纸滤芯1，它是用经过树脂处理的微孔滤纸做成，滤芯的上下两端由塑料密封圈密封。发动机工作时，空气由盖与外壳间的空隙进入，经纸质滤芯过滤，进入进气总管。

滤清器使用一段时间后，纸滤芯外表面集聚了大量尘埃和杂质，增加了进气

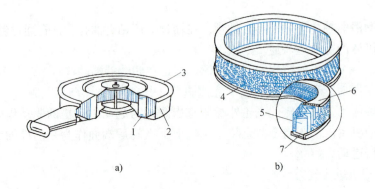

图 4-12 干式纸滤芯空气滤清器
a) 滤清器总成 b) 纸滤芯
1—纸滤芯 2—滤清器外壳 3—滤清器盖 4—金属网 5—打褶滤纸
6—滤芯上盖 7—滤芯下盖

阻力,应及时将滤芯取出用手轻拍或用压缩空气吹去积尘,如阻塞严重,应该及时更换。

进、排气管系的作用是引导气体的进入与排出,有的进、排气管的长度或直径是可变的,以充分利用气流惯性达到吸足排净的目的。

随着发动机排放净化要求的提高,进、排气管系中还增加了一些排气净化装置,如废气再循环装置和催化转化器。

配气机构的作用是根据发动机的工作循环和点火次序,适时地开启和关闭各缸的进、排气门,使空气或空气与燃油的混合气及时地进入气缸,使废气及时地排出。

发动机配气机构如图 4-13 所示。

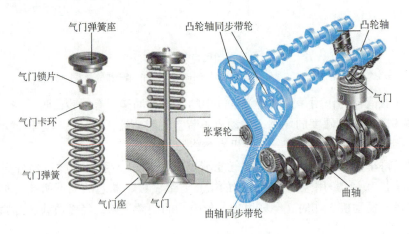

图 4-13 发动机配气机构

发动机工作时，通过同步带带动进、排气凸轮轴旋转。当进气凸轮轴某缸的进气凸轮克服气门弹簧作用压下进气门时，进气门开启，开始进气；当进气凸轮轴转到凸轮的基圆段时，该进气门在气门弹簧作用下回位，关闭进气门，进气停止。排气门的开闭原理与进气门类似。

4. 发动机燃料供给系统

（1）汽油机燃料供给系统

汽油机燃料供给系的作用是根据汽油机的不同工况要求，供给不同浓度的油气混合气。

发动机的工况是其工作状况的简称，通常用发动机的转速和负荷来表示。发动机的负荷是指发动机的外部载荷，发动机输出的动力随外部载荷的变化而变化。

混合气的浓度通常用空燃比来表示，空燃比是每工作循环充入气缸的空气与燃油的质量比（$\alpha = A/F$）。汽油机不同工况对空燃比的要求见表4-5。

汽油机燃料供给系统基本组成如图4-14所示，它主要由燃油箱1、电动燃油泵2、燃油滤清器3、燃油压力脉动阻尼器4、燃油压力调节器11、喷油器9、电子控制单元(ECU)5和各种传感器等组成。

表4-5 汽油机各工况对混合气浓度的要求

| 发动机工况 | 空燃比($A/F$) | 发动机工况 | 空燃比($A/F$) |
| --- | --- | --- | --- |
| 起动(0℃时) | 约2 | 中等负荷(经济车速) | 15~18 |
| 起动(20℃时) | 约5 | 大负荷 | 12~13 |
| 怠速 | 约11 | 加速 | 8 |
| 小负荷 | 12~13 | | |

喷油器9是电控燃油喷射系统的一个重要的执行器，负责向进气管喷射汽油，其结构以轴针式电磁喷油器为例（图4-15），主要由针阀、电磁线圈、弹簧和阀体等组成。当电磁线圈中无电流通过时，喷油器针阀在弹簧力作用下紧压在锥形密封阀座上；当电磁线圈通电时，产生的磁场将衔铁连同针阀向上吸起，喷油口打开，燃油喷出。

发动机工作时，电控单元(ECU)5控制电动燃油泵2运转，汽油从燃油箱1吸出，经燃油滤清器3、燃油分配总管10流入喷油器9，其油压受燃油压力调节器11调节控制；与此同时，电控单元(ECU)5根据节气门位置传感器、空气流量计和发动机转速、冷却液温度、进气温度等传感器输入的信号，与存储在ROM中的参考数据进行比较、分析、计算、判断，然后发出喷油脉冲指令，通过控制喷油时间的长短来控制喷油量，可实现对可燃混合气浓度的精确控制。

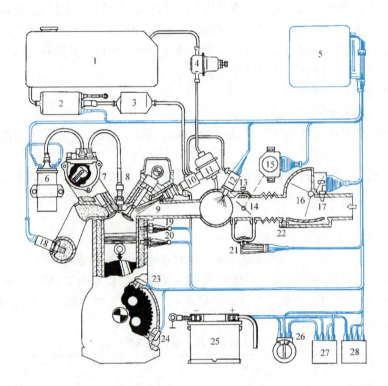

图4-14 汽油机燃料供给系统基本组成

1—燃油箱 2—电动燃油泵 3—燃油滤清器 4—燃油压力脉动阻尼器 5—电控单元(ECU)
6—点火线圈 7—高压分电器 8—火花塞 9—喷油器 10—燃油分配总管 11—燃油压力调节器
12—冷起动喷油器 13—急速转速调节螺钉 14—节气门 15—节气门位置传感器 16—空气流量计
17—进气温度传感器 18—氧传感器 19—热限时开关 20—冷却液温度传感器 21—辅助空气阀
22—急速混合气浓度调节螺钉 23—曲轴位置传感器 24—转速传感器 25—蓄电池
26—点火开关 27—主继电器 28—油泵继电器

(2) 柴油机燃料供给系统

柴油机燃料供给系统的作用是根据柴油机的不同工况要求，定时、定量产生高压油，并向气缸喷射。

传统的柴油喷射系统采用机械方式进行控制，精度差，喷油量、喷油压力和喷油时间难于准确控制，导致柴油机排气冒黑烟，动力、经济性能下降。目前柴油机已经普遍采用电控共轨喷射。

柴油机电控共轨喷射系统主要由燃油供给系统(油箱、电动输油泵、燃油粗/细滤清器、高压油泵、共轨管、电控喷油器等)和电子控制系统(各种传感器、执行器和ECU)两大部分组成(图4-16)。

工作时，输油泵将柴油从油箱泵出，经柴油滤清器过滤，进入高压油泵提高

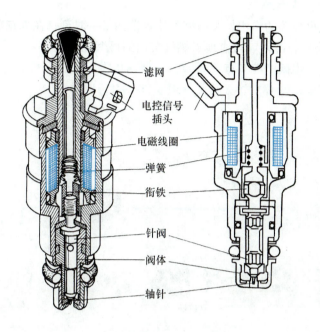

图 4-15 轴针式电磁喷油器

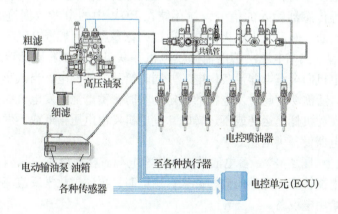

图 4-16 柴油机电控共轨喷射系统

压力到 150MPa 以上，进入共轨管。ECU 根据节气门位置传感器、空气流量计、轨压传感器和发动机转速、冷却液温度、进气温度等传感器输入的信号，进行比较、分析、计算，然后向电控喷油器发出喷油脉冲指令，实现对喷油量的精确控制。多余的柴油从回油管流回柴油滤清器或油箱。

5. 汽油机点火系统

汽油机点火系统的作用是在压缩上止点前的某一时刻,在火花塞电极间产生20kV以上的高压,准时、可靠地点燃气缸内的可燃混合气。

现代汽车多用微机控制点火系统,主要由电源、点火开关、点火线圈组件、传感器、电控单元(ECU)、火花塞等组成(图4-17)。

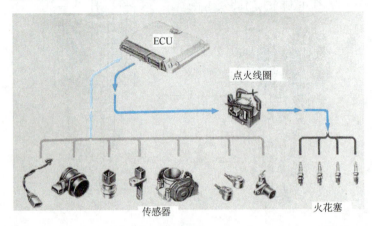

图4-17 点火系统组成

点火系统工作时,ECU根据节气门位置、发动机转速、冷却液温度、进气温度、爆燃等传感器输入的信号,与存储在ROM中的参考数据进行比较、分析、计算、判断,然后发出点火指令,通过火花塞点燃可燃混合气。

(1) 电源 汽车电源由蓄电池和发电机并联组成,在发动机转速大于一定值时,由发电机向全车电器设备供电,并同时给蓄电池充电。当汽车上的用电设备同时启用,所需功率超过发电机的额定功率时,蓄电池和发电机同时向用电设备供电。当发动机低速运转或不运转时,发电机发出电压很低或不发电时,由蓄电池向全车电器设备供电。

① 蓄电池(图4-18)。蓄电池是一个化学电源。在充电时,靠内部的化学反应将电源的电能转变成化学能储存起来;用电时,再通过化学反应将化学能转变成电能,供给用电设备。

② 发电机。其结构如图4-19所示。工作时,发动机带轮通过传动带带动发电机带轮转动,发电机通过内部的电磁线圈切割磁力线,产生交流电,经二极管整流输出直流电。

(2) 点火线圈(图4-20) 它相当于一个自耦变压器,能将12V的低压直流电变换成15~20kV的高压直流电。

(3) 火花塞 火花塞用来将高压电引入燃烧室,产生电火花,点燃混合气。普通型火花塞如图4-21所示,主要由中心电极和侧电极组成。

图 4-18　蓄电池

图 4-19　发电机

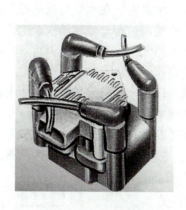

图 4-20　点火线圈

图 4-21　火花塞

火花塞中心电极和侧电极之间的间隙称为火花塞间隙，它对火花塞工作有很大的影响。间隙太小，则火花较弱，且容易因积炭产生漏电；间隙过大，所需击穿电压高，起动困难，且高速时易发生"缺火"现象。传统点火系统中火花塞间隙一般为 0.6~0.8mm 之间。

火花塞在使用中经常会出现烧蚀、火花塞间隙变化及积炭等问题，影响正常点火，应注意检查和维护。在拆装时要注意按规定力矩旋紧。

### 6. 发动机冷却系统

发动机冷却系统的作用是对在高温条件下工作的发动机零件进行冷却，保证发动机在适宜的温度范围内工作。目前，汽车上广泛采用的水冷式发动机正常工作温度（冷却液温度）一般为 80~90℃。

冷却系统主要由水泵、风扇、节温器、散热器等组成，如图4-22所示。

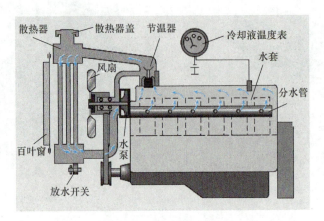

图4-22　发动机冷却系统

水套是直接铸造在气缸体和气缸盖内相互连通的空腔，水套通过散热器进出水软管与固定在发动机前端的散热器相连，水泵安装在水套与散热器之间。发动机工作时，水套和散热器内充满冷却液，曲轴通过传动带驱动水泵工作，使冷却液在水套与散热器之间循环流动，冷却液流经气缸体和气缸盖内水套时带走发动机热量使发动机冷却，而流经散热器时将热量散发给大气。

风扇安装在发动机与散热器之间，风扇转动产生强大的吸力，增大流经散热器的空气流量和速度，加强散热器的散热效果。

节温器安装在发动机水套的进水口处（即散热器的出水口，轿车发动机多采用这种安装方式），根据发动机工作温度，它可自动控制通向散热器和水泵的两个冷却液通路，以调节冷却强度。

当冷却液温度较低时，节温器主阀门关闭，副阀门打开，冷却液经水泵→发动机水套→节温器副阀门→水泵，形成小循环（图4-23a）；当冷却液温度高到一定值时，节温器主阀门打开，冷却液经水泵→发动机水套→节温器主阀门→散热器→水泵，形成大循环（图4-23b）。大循环中，由于冷却液经过散热器冷却，使其温度下降，可以防止发动机过热。

汽车发动机常用的冷却液为加有防冻剂的防冻液。

若直接用水作冷却液，虽具有简单方便的

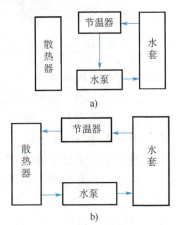

图4-23　冷却液循环
a）小循环　b）大循环

优点，但水沸点低，易蒸发，需经常添加。而且不宜添加河水、井水等含矿物质的水，以免产生水垢，影响冷却系散热不良。要求添加雨水、雪水或离子交换水，给冷却液添加造成困难。更应值得注意的是水在严寒冬季易结冰，需放水过夜，否则会造成水结冰时体积膨胀，胀裂机体、气缸盖的严重事故。

现代轿车普遍采用防冻液，以提高冷却液的防冻和防沸的能力。例如桑塔纳系列轿车采用以乙二醇为基料的冷却液（乙二醇的质量占 45.6%、水的质量占 54.4%），使其冰点在-25℃以下，沸点在 106℃以上。

专用冷却液一般呈深绿色或深红色，有一定的毒性，使用时应注意。发现冷却液泄漏应及时检查添加。

### 7. 发动机润滑系统

润滑系统具有减轻机件磨损、减小摩擦损失、降低功率消耗的作用。除此之外，润滑油流经摩擦表面时，能带走表面热量，也能带走零件磨损留下的磨屑，所以发动机润滑系统还兼有冷却和清洁功能。润滑油涂布在气缸与活塞和活塞环之间，还起着增加活塞环的密封和防机件氧化锈蚀的作用。

根据发动机不同运动表面工作特点，分别采用以下 3 种润滑方式。

(1) 压力润滑　是以一定的压力把润滑油供入摩擦表面的润滑方式。这种方式润滑可靠，但结构较为复杂，主要用于曲轴主轴承、连杆轴承及凸轮轴承等负荷较大的摩擦表面的润滑。

(2) 飞溅润滑　它是利用发动机工作时运转零件撞击润滑油溅起来的油滴或油雾润滑摩擦表面的润滑方式。该方式结构简单，但可靠性较差，主要用于负荷较轻的气缸壁面和配气机构的凸轮、挺柱、气门杆、摇臂等零件的工作表面。

(3) 润滑脂润滑　它是通过定期加注润滑脂来润滑零件工作表面的方式。如水泵及发电机轴承等。

发动机润滑系统一般由油底壳、机油滤清器、机油泵、机油散热器等组成，如图 4-24 所示。

发动机工作时，润滑油从油底壳经集滤器被机油泵送入机油滤清器后进入发动机主油道，分多路进入各主轴承润滑（图 4-25），然后，经曲轴上的斜油道，流向连杆轴承润滑，再从连杆大头油孔喷向气缸壁，润滑气缸、活塞、活塞环和活塞销，之后流回油底壳。

主油道中的部分润滑油经分油路通向凸轮润滑各凸轮轴轴承、凸轮、气门摇臂、气门杆等，再回油底壳。

### 8. 发动机起动系统

起动系统的作用是按发动机的要求提供一定的转矩，使发动机达到规定的转速，顺利完成起动过程。低温起动时，还应进行预热起动。

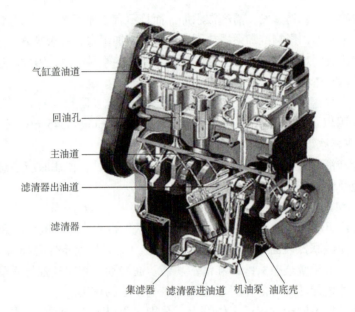

图 4-24　发动机润滑系统

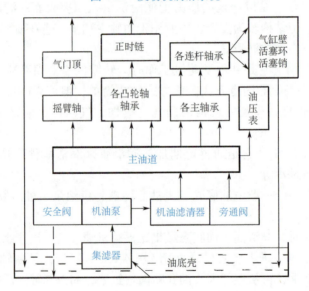

图 4-25　发动机润滑油路

起动系统主要由蓄电池、起动机、起动继电器、点火开关、低温起动预热装置等组成（图 4-26）。

当点火开关置于起动档"Start"时，首先接通起动控制电路，电磁开关闭合，蓄电池电流经电磁开关流入起动机，并使其转动。同时，电磁开关还将驱动齿轮向外推出与发动机飞轮齿圈相啮合，带动发动机转动。当发动机完成着火并

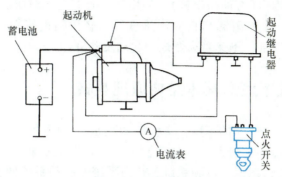

图 4-26 起动系统

加速运转后，飞轮有反过来带动驱动齿轮运转的趋势时，起动机上的单向离合器使起动机的驱动齿轮相对于起动机电枢轴空转（以保护起动机）。驾驶人及时将点火开关转到点火档"IG"，切断起动机控制电路，驱动齿轮退回，起动机停止运转。

低温严寒气候，会造成燃料汽化及燃烧困难（尤其是柴油），润滑油黏度加大，蓄电池能量下降，发动机起动困难。为了确保发动机顺利起动，需要采取相应措施进行预热，常见的有预热空气、预热润滑油、预热冷却液、喷起动液、减压起动等。

目前普遍使用的发动机预热方法是对进入发动机的空气进行预热。常见的预热装置有电热塞、热敏电阻预热器和电火焰预热器。

现代汽车发动机多采用封闭式电热塞（图 4-27），其安装于燃烧室内。螺旋形电阻丝焊于中心螺杆与发热体钢套底部，电阻丝周围充填有绝缘的氧化铝填充剂，中心螺杆与外壳绝缘，外壳带密封垫圈装于气缸盖上。

起动时，起动开关旋到预热档，电流通过预热指示器，再到各缸电热塞，电阻丝通电后，发热体钢套变得红热，加热燃烧室内空气。

也可以采用喷起动液的方法帮助起动。起动液是由容易着火燃烧的燃料（乙醚、丙酮、石油醚等）组成，与压缩气体氮气一起

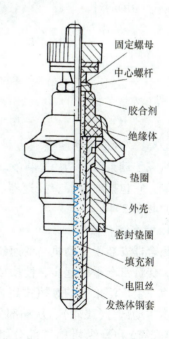

图 4-27 封闭式电热塞结构示意图

储藏在专用喷射罐内(有商品出售)。使用时,取下空气滤清器(有的发动机设有起动液喷嘴),将喷射罐出口对准进气管,轻压喷射罐单向阀,起动液喷出,随空气进入气缸,迅速着火燃烧,起动发动机。

## 任务4.3 汽车底盘基本结构原理观察

汽车底盘是整个汽车的基体,支承着发动机、车身等各种零部件,同时将发动机的动力进行传递和分配,并按驾驶人的意志行驶(加速、减速、转向、制动等)。它一般由传动系统、行驶系统、转向系统、制动系统四大系统组成,如图4-28所示。

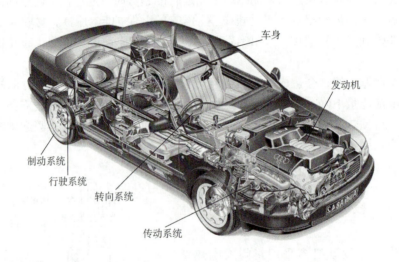

图4-28 汽车底盘组成

### 4.3.1 汽车传动系统

汽车传动系统的功用是将发动机发出的动力传给驱动车轮,并实现减速增矩等功能,它包括离合器、变速器、传动轴、驱动桥(含主减速器、差速器以及半轴等)(图4-29)。

**1. 汽车离合器**

离合器安装于发动机与变速器之间,用于暂时分离和平顺接合发动机的动力传递,保证汽车平稳起步,使换档时工作平顺和防止传动系统过载。

汽车上广泛采用的摩擦式离合器的基本结构及工作原理如图4-30所示。它主要由主动部分(飞轮)、从动部分(从动盘)、压紧机构(压紧弹簧)、分离机构(分离套筒)和操纵机构五部分组成。从动盘一般采用高摩擦系数的耐热材料制成。

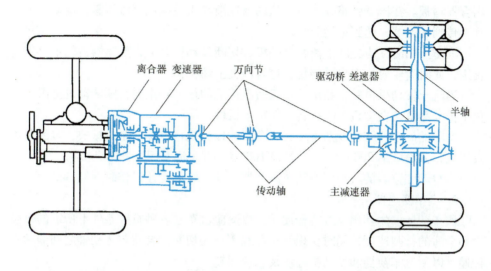

图 4-29 发动机前置后轮驱动传动系统的组成及布置示意图

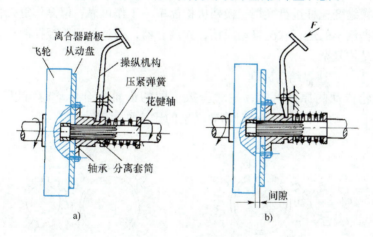

图 4-30 摩擦式离合器的基本结构及工作原理
a) 离合器接合 b) 离合器分离

当离合器踏板处于自由状态时,从动盘在压紧弹簧作用下压紧在飞轮端面。发动机工作时,飞轮旋转,动力靠离合器从动盘摩擦片与飞轮端面之间的摩擦传给变速器。

当踩下离合器踏板时,操纵机构使分离套筒克服压紧弹簧作用力右移,带动从动盘右移,使从动盘与飞轮端面出现间隙,从而切断发动机的动力传递。

汽车起步时,应先踩下离合器踏板,切断发动机动力,挂上档后再缓慢松开离合器踏板。在压紧弹簧作用下,从动盘逐渐与飞轮端面接触压紧,使动力由小到大传到变速器,达到平稳起步。

汽车换档时,应先踩下离合器踏板,切断发动机动力,变速器齿轮不再传递转矩,此时齿轮容易退出原档位,也容易挂上新档位。

当汽车发动机过载,超出从动盘所能传递的最大转矩时,则从动盘打滑,避免了传动系统与发动机产生扭转,保护了机件。

实际的离合器结构复杂得多,离合器的操纵机构也不单是机械式,有的采用液压式,如桑塔纳2000GSi型、奥迪100型等汽车都采用这种操纵机构。

有自动变速器的汽车则取消了离合器,使驾驶人变速操作时更简单。

2. 汽车变速器

汽车变速器的功用是改变传动比,以适应汽车在各种行驶条件下所需的牵引力和合适的行驶速度,同时实现倒车和利用空档切断离合器与传动轴之间的动力传递,以便汽车换档和发动机起动及怠速运转。

变速器类型繁多,按操纵方式分手动变速器和自动变速器。手动变速器靠驾驶人直接操纵变速杆进行换档,换档机构简单,工作可靠,但操作复杂;自动变速器能根据汽车的运行状况自动换档,无离合器,通过加速踏板控制车速,操作简单,但结构复杂。

(1) 手动变速器结构原理

由齿轮传动的原理可知,一对齿数不同的齿轮啮合传动时可以变速变矩(图4-31)。主动齿轮转速与从动齿轮转速的比值称为传动比。

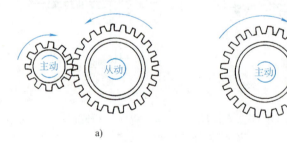

图4-31 齿轮传动原理
a) 减速传动 b) 增速传动

汽车手动变速器就是通过多对不同齿数的齿轮啮合来实现传动比的变化的。变速器传动比小的档位称为高速档,传动比大的档位称为低速档。齿轮安装在不同的平行轴上,有的齿轮与轴固定,有的齿轮空套在轴上,通过接合装置来实现动力的传递。根据主要轴的数目可分为两轴式和三轴式变速器。

（2）自动变速器结构原理

自动变速器(Automatic Transmission, AT)是指汽车行驶时，换档操纵全部或部分自动化的变速器。与手动变速器相比，自动变速器具有操作简单省力、行车安全性好、舒适性好、机件的使用寿命长、动力性和排放性能好等优点；但也存在结构复杂、精度高、成本高、传动效率低、维修困难等缺点。

目前轿车绝大部分自动变速器采用电子控制辅助液压控制系统完成换档（图4-32），它主要由液力变矩器、行星齿轮变速器、液压控制系统、电子控制系统、变速器壳体等组成。发动机的动力经液力变矩器变速变矩，再经过齿轮变速器进一步变速变矩输出动力。

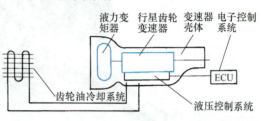

图4-32　自动变速器

齿轮变速器的传动则通过电控单元(ECU)控制，其根据发动机的节气门开度、汽车车速等各种运转参数，按照预先设定的控制程序发出换档等控制信号，通过各种电磁阀（换档电磁阀、油压电磁阀等）来操纵阀体总成的工作，完成换档等控制任务。由于其结构和工作原理复杂，在此不做深入介绍。

3. 汽车万向传动装置

万向传动装置的功用是在轴线相交且相对位置经常发生变化的两轴间传递动力，主要应用于变速器与驱动桥（图4-33）或离合器与驱动桥、变速器与分动器、转向驱动桥、断开式驱动桥及转向操纵机构等的连接。

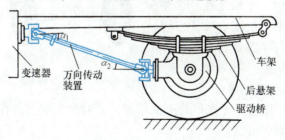

图4-33　变速器与驱动桥之间的万向传动装置

万向传动装置一般由万向节和传动轴组成，当传动距离较远时，还需采用分段式传动轴，在中部加装中间支承。

4. 驱动桥

驱动桥由主减速器、差速器、半轴和驱动桥壳等组成。

（1）汽车主减速器　其功用是将万向传动装置传来的转矩增大，并降低转速。

主减速器大多由一对强度较大的准双曲面齿轮组成(图4-34),其正确的安装与调整,能减少齿轮啮合冲击噪声,延长使用寿命。

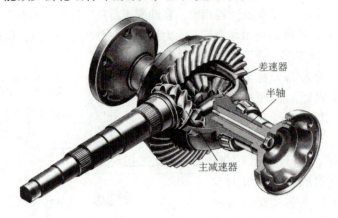

图4-34 主减速器与差速器

(2) 汽车差速器 汽车转弯行驶时,内、外两侧车轮在同一时间内要移动不同的距离,外轮移动的距离比内轮大(图4-35)。差速器(图4-34)的作用就是将主减速器传来的动力传给左、右两半轴,并在转弯行驶时允许左、右半轴以不同转速旋转(差速)。

(3) 汽车半轴 半轴是在差速器和驱动轮之间传递动力的实心轴,内端一般制有外花键并与半轴齿轮联接,外端与驱动轮的轮毂联接。

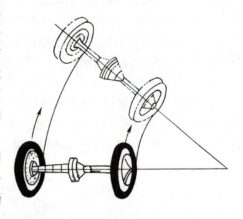

图4-35 汽车转向时车轮运动示意图

### 4.3.2 汽车行驶系统

行驶系统的作用是保证汽车的正常行驶,并对全车起支撑作用,它由车轮、车桥、车架、悬架等组成。

**1. 车轮**

车轮与轮胎组成车轮总成,习惯上简称之为车轮,通常由轮胎、轮辋和轮辐组成(图4-36)。

轮胎按组件不同可分为有内胎轮胎和无内胎轮胎。有内胎轮胎的内胎上装有充、放气的气门嘴,无内胎轮胎空气直接充入外胎中,因此要求轮胎与轮辋之间有很好的密封性。无内胎轮胎的优点是:轮胎穿孔时,压力不会急剧下降,能安全地继续行驶,不存在因内、外胎之间摩擦和卡住而引起的损坏,气密性较好,可以直接通过轮辋散热，所以工作温度低，使用寿命较长，结构简单，质量较小。

轮胎按胎体结构不同可分为斜交轮胎和子午线轮胎。子午线轮胎帘布层帘线排列方向与轮胎的子午断面一致，使其强度得到充分利用，所以帘布层数可比普通斜交胎减少40%~50%，胎体较柔软，接地面积大，附着性能好，对地面单位压力小，滚动阻力小，节省油耗。

轮胎的外胎两侧标志有规格、结构代号等，轿车轮胎还标有速度级别等代号，购置和安装轮胎时应予以注意。

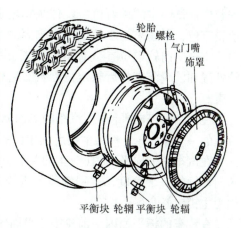

图4-36 车轮和轮胎

#### 2. 车桥

车桥用于连接和安装左右车轮的车轴或车梁等部件，其功用是传递车身(承载式车身)与车轮之间各方向的作用力及其力矩。

车桥分为整体式和断开式两种。整体式车桥中部是刚性的实心或空心梁(图4-37)；而断开式车桥为活动关节式结构，与独立悬架配用(图4-38)。

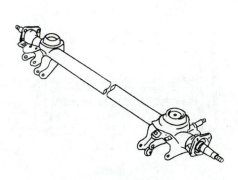

图4-37 整体式车桥

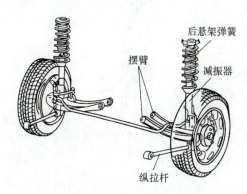

图4-38 断开式车桥

#### 3. 车身

车身是整个汽车的装配基体，其作用主要是支承连接汽车的各零部件，承受来自车内和车外的各种载荷。汽车绝大多数部件(总成)都是固定安装在车身或通过车身连接来实现安装的(承载式车身)。

#### 4. 车轮定位

所谓车轮定位，就是汽车的每个车轮(或转向节)和车桥、车架(或车身)的安装应保持一定的相对位置。传统车轮定位主要是指前轮定位，但越来越多的现代汽车同时对后轮定位即四轮定位。前轮定位参数有主销后倾、主销内倾、前轮外倾和前轮前束；后轮定位参数有后轮外倾和后轮前束。

在汽车的纵向平面内（汽车的侧面），主销上部向后倾的一个角度 $\gamma$，称为主销后倾角（图4-39）。

在汽车的横向平面内（汽车的前后方向），主销上部向内倾斜一个角度，主销轴线与垂线之间的夹角 $\beta$ 称为主销内倾角（图4-40）。

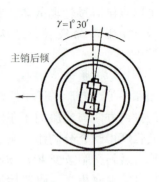

图4-39 主销后倾角

在汽车的横平面内，前轮中心平面向外倾斜的一个角度 $\alpha$（图4-40），称为前轮外倾角。轮胎呈现"八"字形张开时称为负外倾。

俯视车轮，汽车的两前轮并不完全平行，在通过两前轮中心的水平面内，两前轮的前边缘距离 $B$ 小于两前轮后边缘距离 $A$，$A-B$ 之差称为前轮前束（图4-41）。像内八字一样前端小后端大的称为前束，而像外八字一样后端小前端大的称为后束或负前束。

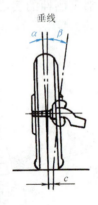

图4-40 主销内倾和前轮外倾

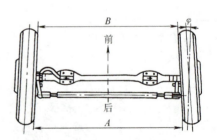

图4-41 前轮前束

一般前束值为 0~12mm，有的汽车为与负前轮外倾角相配合，其前束也取负值即负前束（如上海桑塔纳轿车前束为 -1~-3mm）。前轮前束可通过改变横拉杆的长度来调整。

上述各种车轮定位角，对轮胎磨损和操纵轻便性都有重要影响，在汽车使用中，由于车架（或车身）和悬架的变形，定位角也在不断地发生变化，应该定期进行检查调整。

### 5. 汽车悬架

悬架就是车架（或车身）与车桥（或车轮）之间的一切传力连接装置的总称。

其作用是把路面作用于车轮上的垂直反力、纵向反力(牵引力和制动力)和侧向反力以及这些反力所造成的转矩传递到车架(或车身)上,同时减少汽车振动,以保证汽车的正常行驶。

汽车悬架一般由弹性元件、减振器和导向机构(横向稳定杆、摆臂、纵向推力杆等)三部分组成,如图4-42所示。

按汽车悬架导向机构分,有非独立悬架和独立悬架。非独立悬架

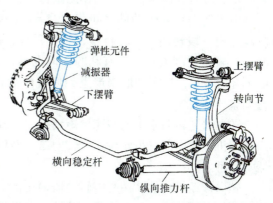

图4-42 汽车悬架基本组成

的结构特点是两侧的车轮由一根整体式车桥相连,车轮连同车桥一起通过弹性悬架与车架(或车身)连接。当一侧车轮因道路不平而发生跳动时,必然引起另一侧车轮在汽车横向平面内发生摆动。

独立悬架的结构特点是车桥做成断开的,每一侧的车轮可以单独地通过弹性悬架与车架(或车身)连接。其优点是两侧车轮可以单独跳动,互不影响,在不平道路上可减少车架和车身的振动,并有助于消除转向轮不断偏摆的不良现象;悬架所受到的冲击载荷小,可以提高汽车的平均行驶速度;发动机总成的位置可以降低和前移,使汽车重心下降,提高了汽车行驶稳定性;但独立悬架结构复杂,制造成本高,维护维修不便,轮胎磨损较严重。

### 4.3.3 汽车转向系统

汽车转向系统的功用是保证汽车能够按驾驶人的意志改变或恢复行驶方向。

汽车转向系统分为机械转向系统和动力转向系统两大类。机械转向系统以驾驶人的体力作为转向能源,传力件都是机械的。动力转向系统以发动机或电动机的动力作为主要转向能源,转向轻松省力。

机械转向系统主要由转向操纵机构、转向器和转向传动机构组成(图4-43)。

转向操纵机构包括转向盘、

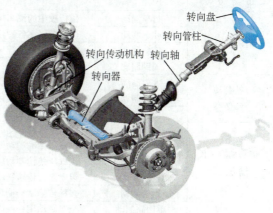

图4-43 机械转向系统

转向轴、转向管柱等。它们的作用是将驾驶人的操纵力传给转向器。

由于转向系各传动件之间存在着装配间隙，所以在转向盘转动过程的开始阶段，有一段转向盘空转行程，该行程称转向盘的自由行程，它对于缓和路面冲击，减少驾驶人疲劳是有利的，但也不宜过大，以避免影响转向灵敏性，一般不超过15°，当零件磨损严重到使转向盘自由行程超过25°~30°时，必须进行调整。

转向器是转向系中的减速增矩装置，并改变转向力矩的传动方向。目前应用广泛的机械转向器有齿轮齿条式转向器、循环球式转向器和蜗杆曲柄指销式转向器等几种。

转向传动机构的功用是将转向器输出的力和运动传给转向桥两侧的转向节，使两侧转向轮按要求的角度关系偏转，以保证汽车转向时各车轮与地面的相对滑动尽量小。

理想的转向系应使汽车在静止或低速行驶时，转向所需操纵力小，轻便省力；而在中高速行驶时，转向操纵力稍大，增加驾驶人的"路感"，提高操纵稳定性，保证高速行车的安全。传统的机械式转向系不能达到上述要求，而电子控制动力转向系可以满足。

#### 4.3.4 汽车制动系统

1. 汽车制动系统的功用

使行驶中的汽车减速甚至停车，或使已经停下来的汽车保持不动，都称为汽车制动。实现汽车制动功能的一系列专门装置称为汽车制动系统。

2. 汽车制动系统分类

汽车制动系统分类见表4-6。

表4-6 汽车制动系统分类

| 分类方法 | 类型 | 特点 |
| --- | --- | --- |
| 按功能分 | 行车制动 | 使行驶中的汽车减速或停车 |
|  | 驻车制动 | 使汽车停在各种路面驻留原地不动 |
|  | 应急制动 | 在行车制动系统失效后使用的制动系统 |
|  | 辅助制动 | 增设的制动装置，以适应山区行驶及特殊用途汽车需要 |
| 按制动能源分 | 人力制动 | 以人力为唯一能源 |
|  | 动力制动 | 以发动机动力转化为液压或气压制动 |
|  | 伺服制动 | 兼用人力和发动机动力制动 |
| 按制动能量传输方式分 | 机械制动 | 以机械传输制动能量 |
|  | 液压制动 | 以液压传输制动能量 |
|  | 气压制动 | 以气压传输制动能量 |
|  | 电磁制动 | 以电磁力传输制动能量 |
|  | 组合制动 | 各种传输制动能量综合 |
| 按制动回路分 | 单回路制动 | 全车制动用一条制动回路 |
|  | 双回路制动 | 全车制动用两条制动回路 |

### 3. 汽车制动系统基本组成与工作原理

**（1）汽车制动系统基本组成**　以液压制动系统为例，它主要由车轮制动器和液压传动机构组成（图4-44）。车轮制动器由制动鼓、制动蹄、制动底板等组成。制动鼓固定在车轮轮毂上，随车轮一同旋转，它的工作面是内圆柱面。固定不动的制动底板有两个支承销，支承着两个弧形制动蹄的下端。制动蹄的外圆面上装有摩擦片，上端用制动蹄回位弹簧拉紧压靠在轮缸活塞上。

液压传动机构主要由制动踏板、推杆、制动主缸、制动轮缸和油管等组成。制动轮缸也安装在制动底板上，并用油管与车架上的制动主缸相连通。主缸活塞可由驾驶人通过制动踏板来操纵。

**（2）汽车制动系统基本工作原理**　制动系统不工作时，制动鼓的内圆面与制动蹄摩擦片的外圆面之间保留有一定的间隙，使制动鼓可以随车轮自由旋转。

制动时，驾驶人踩下制动踏板，推杆便推动主缸活塞，使制动主缸中的油液以一定压力流入制动轮缸，通过轮缸活塞使两制动蹄的上端向外张开，从而使摩擦片压紧在制动鼓的内圆面上。这样，不旋转的制动蹄就对旋转着的制动鼓产

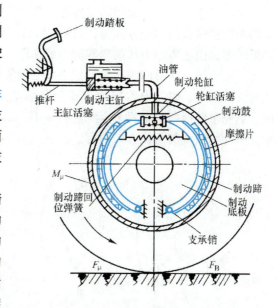

图4-44　液压制动系统组成

生一个摩擦力矩 $M_\mu$，方向与车轮旋转方向相反，迫使车轮停止转动。

当松开制动踏板时，制动蹄回位弹簧将制动蹄拉回原位，制动作用即行解除。

**（3）汽车制动间隙与制动距离**　制动器在不工作时，摩擦片与制动鼓之间的间隙称制动间隙。制动间隙应合适，如果制动间隙过小，就不易保证彻底解除制动，造成摩擦副的拖磨；过大又将使制动踏板行程太长，同时也会推迟制动器开始起作用的时刻。由于摩擦片与制动鼓磨损，导致制动间隙变大，制动距离变长时，应定期进行检查调整。

制动距离是指驾驶人踩下制动踏板至车辆完全停住时汽车所行驶的距离。按国家标准规定，乘用车以50km/h初速度空载行驶的制动距离不得大于19m。

### 4. 汽车防抱死制动系统(ABS)

(1) **ABS 功用**　防抱死制动系统(Anti-lock Braking System, ABS)是防止汽车制动时车轮抱死的装置,并把车轮的滑移率保持在最佳范围内,以保证车轮与地面有良好的纵向、横向附着力,有效防止制动时汽车侧滑、甩尾、失去转向能力等现象发生,提高了制动稳定性;同时,将制动力保持在最佳的范围内,缩短了制动距离。这样也减弱了轮胎与地面的剧烈摩擦,减少了轮胎的磨损。

试验和实践表明,当汽车曲线行驶制动只有前轮抱死时,由于前轮的转向力基本为零,无法进行正常的转向操作,驾驶人无法控制汽车的运动方向,这时汽车将沿行驶曲线的切线方向滑行(图 4-45a);而只有后轮抱死时,后轮的侧向力接近于零,由于离心力和前轮转向力的作用,汽车不能保持原来的行驶方向,汽车将一面旋转一面沿曲线行驶即发生甩尾现象(图 4-45b);当所有的车轮全部抱死时,转向力、侧向力均接近于零,汽车完全失去操纵性和方向稳定性,兼有前、后轮单独抱死时的两种运动(图 4-45c),即一面作与驾驶无关的不规则运动,一面沿曲线的切线方向滑行。

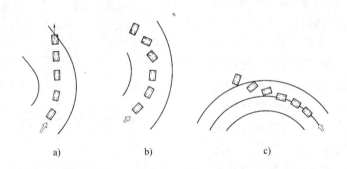

图 4-45　曲线行驶时车轮抱死的汽车运动情况
a) 前轮抱死　b) 后轮抱死　c) 所有车轮抱死

(2) **ABS 基本组成与工作原理**　ABS 由普通制动系统和电子控制系统两大部分组成。普通制动系统的组成和工作原理与传统制动系统相同,而电子控制系统由传感器、电控单元(ECU)和制动压力调节器等组成(图 4-46)。

在汽车制动时,电控单元(ECU)根据传感器传递来的汽车行驶和制动信号,经过计算、比较和判断后,向执行器(制动压力调节器)发出控制指令,使车轮制动时滑移率保持在最佳范围内,始终处于理想的运动状态。

在制动过程中,ABS 只在车速超过一定值时才起作用。ABS 具有自诊断功能,并能确保系统出现故障时,常规制动系统仍能正常工作。

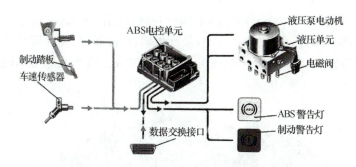

图 4-46　汽车 ABS 组成

### 5. 驱动防滑系统（ASR）

驱动防滑系统（Acceleration Slip Regulation, ASR），又称牵引力控制系统，其作用就是防止汽车在起步、加速和低附着系数路面行驶时驱动轮的滑转，以提高汽车的牵引性和操纵稳定性。

（1）ASR 的作用　当汽车在冰雪路面行驶时，驱动轮很容易发生滑转，这是汽车的驱动力大于地面附着力的结果。一旦车轮滑转，车轮的横向附着力几乎为零，将发生侧滑等现象。对于后轮驱动汽车，驱动轮滑转将使汽车发生不规则的旋转；对前轮驱动汽车，会使方向失去控制。

（2）ASR 的基本工作原理　为了防止滑转，必须适当降低驱动力，大幅度提高侧向力，增大抵抗侧滑的能力。目前，常采用以下两种方法防止驱动轮的滑转。

① 发动机输出转矩调整方式　通常通过控制节气门开度和点火提前角的方式调节发动机的输出转矩，从而使驱动车轮的转速迅速降低，或者对两侧驱动车轮的驱动力矩进行调节。

② 驱动轮制动控制方式　当驱动轮发生滑转时，对滑转的车轮施加一定的制动力，使车轮的滑转率控制在合适的范围内。制动控制方式比发动机控制方式反应速度快，能有效地防止汽车起步时或从高附着路面突然进入低附着路面时的车轮空转。

## 任务 4.4　汽车车身与电器基本结构原理观察

### 4.4.1　汽车车身

汽车车身是供驾驶人操作，以及容纳乘客和货物的场所。其主要作用是为乘员提供安全、舒适的乘坐环境，隔绝振动和噪声，不受外界恶劣气候的影响。同时车身也是一件精致的艺术品，给人以美感享受，反映现代的风貌、民族的传统以及独特的企业形象。

汽车车身(图4-47)主要由车身本体、开启件(各种门、窗、行李舱和车顶盖等)、附件(各种座椅、内外饰、仪表电器、刮水器、洗涤器、风窗除霜装置、空调等)和安全保护装置(保险杠、安全带、安全气囊等)组成,货车及专用车辆还有货箱及专用设备。

图 4-47 汽车车身

### 1. 车门门锁

现代轿车普遍采用电控式中央门锁,可以在车内、车外集中控制所有车门,它在汽车钥匙上配置无线电发射装置,在车内配置无线电接收装置,构成无线电遥控中央门锁。有的电控式中央门锁还具有服务、报警、防盗等多种功能。

### 2. 刮水器

刮水器是用于清除玻璃外表面的雨水、雪及灰尘的装置,以保证驾驶人在雨雪天行驶时有良好视野。现代汽车都采用电动机驱动的电动刮水器。

### 3. 风窗洗涤器

其功用是将清洁的水或洗涤液喷射到风窗玻璃上,并在刮水器的作用下清洗风窗玻璃上的尘土和污物,使驾驶人有良好的视野。风窗洗涤器主要由洗涤液泵、洗涤液罐和喷嘴等组成。

### 4. 风窗除霜(雾)装置

其作用是在较冷的季节,有雨、雪或雾的天气,防止水蒸气在风窗玻璃上凝结成细小的水滴甚至结冰。在装有空调或暖风装置的汽车上,其通过风道向风窗玻璃及车门玻璃吹热风以加热玻璃、防止水分凝结。后窗玻璃的除霜常常利用电热丝加热来实现。

### 5. 安全带

安全带用于在汽车制动中乘员由于惯性而急剧向前冲撞时产生束紧力,保护乘员,避免发生碰撞事故。

安全带的布置形式很多,用得最多的是三点式安全带(图 4-48)。

6. 安全气囊

（1）安全气囊作用　安全气囊（Supplemental Restraint System,SRS）是为减少汽车在发生碰撞时因巨大的惯性对乘员造成伤害而设置的。统计表明，交通事故中，头部受伤占66%左右，使用安全气囊，可减少头部受伤率30%~50%，面部受伤率70%~80%。

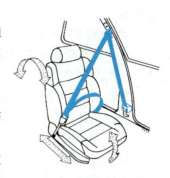

图4-48　三点式安全带

（2）安全气囊类型　按照安全气囊安装的位置分有正面（图4-49）、侧面和顶部安全气囊。正面安全气囊安装在驾驶人和乘客的正面，对汽车正面碰撞起安全保护作用，有较高的装车率。正面安全气囊一般安装在转向盘中央的衬盖内，副驾驶一侧安装在仪表板上，有的车辆还在仪表板下方安置了膝部免受伤害的安全气囊。侧面和顶部安全气囊分别安装在驾驶人、乘客的侧面和顶部，对汽车侧面碰撞和汽车翻倾起安全保护作用。

（3）安全气囊基本组成　安全气囊主要由碰撞传感器、气体发生器、气囊、安全带收紧器、控制装置以及显示装置等组成（图4-50）。

图4-49　正面安全气囊

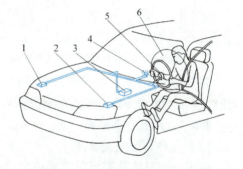

图4-50　安全气囊组成与车上的布置
1—右前方传感器　2—左前方传感器
3—中部传感器总成　4—气囊指示灯
5—气体发生器　6—气囊

碰撞传感器对汽车碰撞强度做出检验，并将其转化为电子信号传送给电控单元。碰撞传感器分为安装于汽车左、右翼子板下或前保险杠内侧的前安全气囊传感器（侧向安全气囊传感器安装在车门或门柱上）和装于气囊控制装置中的安全传感器两类。

气体发生器用来产生气体，安装于气囊下，能在极短的时间内（30 ms内）将气体充满整个气囊。气体的产生方法主要有高压储气式、固体推进剂式和混合式三种方式。

气囊一般用尼龙布制成,在尼龙布上开有排气的小孔,以便在气囊充气后就进行排气,使气囊逐渐变软,加强缓冲作用和不至于影响人员活动。安全气囊只能使用一次,用完即报废。

控制装置采用电子控制,是安全气囊的控制中心。当接收到传感器的碰撞信号后,控制装置进行分析判断,发出指令,引爆气体发生器。

(4) 安全气囊的工作原理　当汽车发生碰撞时,碰撞强度通过传感器转化为电信号,被控制装置接收,控制装置进行分析,发出相应指令,由执行器执行。轻度碰撞时,控制装置指令执行器收紧安全带,保护乘员;碰撞达到一定程度,控制装置指令引爆气体发生器,安全气囊急速膨胀,挡住驾驶人或乘员的身体,起到缓冲保护作用。之后安全气囊小孔排气,使气囊逐渐变软,加强缓冲作用。其工作过程如图4-51所示。

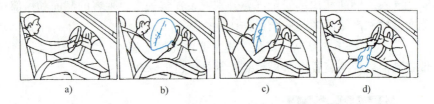

图4-51　安全气囊的工作过程

a) 触发前　b) 充气膨胀　c) 头部陷入　d) 气囊压扁

安全气囊应注意与安全带同时使用,才能发挥更好作用。同时注意平时维护维修时,不要重度碰撞安全气囊的各传感器,以免引起误触发,造成不必要的损失。

### 4.4.2　汽车空调系统

**1. 汽车空调系统的作用**

汽车空调系统是实现对车厢内空气进行制冷、加热、换气和空气净化的装置。它可以为乘员提供舒适的乘车环境,降低驾驶人的疲劳强度,提高行车安全。

**2. 汽车空调系统的基本组成及工作原理**

空调系统主要由制冷系统、供暖系统、通风和空气净化装置及控制系统组成。

(1) 制冷系统　汽车空调制冷系统由压缩机、冷凝器、膨胀阀、储液干燥器、蒸发器等组成(图4-52)。

制冷系统工作时,压缩机由发动机带轮带动,将蒸发器中因吸热而汽化的低压制冷剂蒸气吸入后,压缩成高温高压制冷剂气体,经高压管送入冷凝器,经冷凝器冷却使高温高压的制冷剂气体冷凝成中温高压制冷剂液体,送入储液干燥器中除去水分和杂质，然后送入膨胀阀，经膨胀阀节流降压，变为低温低压液态制冷剂后进入蒸发器。当鼓风机将空气吹过蒸发器表面时，液态制冷剂汽化吸热，从而降低车内温度。汽化后的制冷剂再次被压缩机吸入，重复上述过程。

（2）供暖系统　利用发动机工作时冷却液供暖的，称为水暖式暖风装置。水暖式暖风装置主要由加热器、鼓风机、蒸发器等组成（图4-53）。

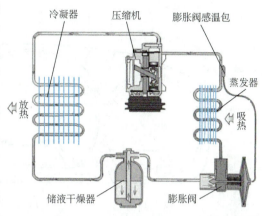

图4-52　制冷系统

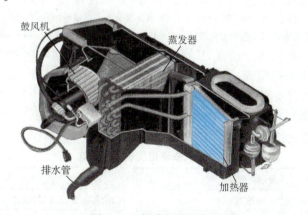

图4-53　水暖式暖风装置

（3）通风装置　分自然通风和强制通风两种。自然通风装置利用汽车行驶时车内外的空气压力差，通过进、出风口进行自然换气；强制通风利用鼓风机对车内空气进行置换。

（4）空气净化装置　常用的空气净化装置有灰尘滤清器、电子集尘器及负离子发生器等，安装在空调器总成内。

### 4.4.3　汽车仪表

#### 1. 汽车仪表系统的作用

汽车仪表系统包括各种仪表和指示灯（图4-54），用来反映汽车的一些重要运行状态参数，必要时发出警示，保证汽车可靠而安全地行驶，驾驶人行车时应该给予注意。

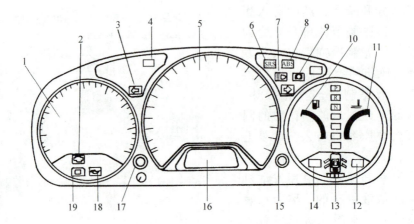

图 4-54　广州本田雅阁轿车仪表板

1—转速表　2—故障指示灯　3—转向信号灯　4—巡航控制指示灯　5—车速表　6—SRS 指示灯
7—远光指示灯　8—ABS 制动指示灯　9—驻车制动与制动系统指示灯　10—燃油表
11—冷却液温度表　12—座椅安全带提示灯　13—车门和制动灯监视器　14—低燃油指示灯
15—行程选择/复位按钮　16—里程表　17—亮度调节　18—低机油压力指示灯　19—充电系统指示灯

### 2. 汽车仪表系统组成

汽车常用仪表及警告灯见表 4-7。

### 3. 仪表板常见符号

仪表板上常见符号的含义如图 4-55 所示。

表 4-7　汽车常用仪表及警告灯

| 仪 表 系 统 | | 功 用 |
|---|---|---|
| 充放电显示系统 | 电流表 | 指示蓄电池充电或放电的电流值 |
| | 电压表 | 指示蓄电池充电或放电的电压值 |
| | 充电指示灯 | 指示蓄电池充电或放电 |
| 机油压力显示系统 | 机油压力表 | 指示发动机主油道中机油压力大小 |
| | 机油压力警告灯或蜂鸣器 | 机油压力过低时报警 |
| 燃油量显示系统 | 燃油表 | 指示汽车燃油箱内储存燃油量的多少 |
| | 液面警告灯 | 燃油箱内燃油量过少时报警 |
| 冷却液温度显示系统 | 冷却液温度表 | 指示发动机水套中冷却液温度的高低 |
| | 冷却液温度警告灯或蜂鸣器 | 冷却液温度过高时报警 |
| 车速里程显示系统 | 车速表 | 指示汽车行驶速度 |
| | 里程表 | 指示汽车累计行驶里程 |
| | 转速表 | 指示发动机转速的高低 |

图 4-55　仪表板上常见符号的含义

### 4.4.4　汽车照明系统

**1. 照明系统的功用**

照明系统保证汽车在夜间及能见度较低的情况下安全、高速行驶，改善车内驾乘环境，便于交通安全管理和车辆使用、检修。

**2. 照明系统组成**

照明系统由电源、照明装置及其控制部分组成。控制部分包括各种灯光开关、继电器等。照明装置包括车外照明、车内照明和工作照明三部分，其具体组成与作用见表 4-8。

表 4-8　汽车照明装置组成及作用

| 照明装置 | | 作　用 |
|---|---|---|
| 车外照明装置 | 前照灯 | 夜间行驶时照明，可发出远光和近光两种光束 |
| | 前小灯(宽视灯) | 夜间视宽、近距离照明等 |
| | 后灯 | 红色，警示作用，兼作牌照灯 |
| | 雾灯 | 黄色，在有雾、下雪、暴雨或尘埃弥漫时行车照明，具有信号作用 |
| | 倒车灯 | 倒车时车后照明，并起信号作用 |
| | 牌照灯 | 照明汽车后牌照 |
| 车内照明装置 | 仪表灯 | 仪表板照明 |
| | 阅读灯 | 乘客阅读照明 |
| | 行李舱灯 | 夜间行李舱门打开时照明 |
| | 发动机舱盖灯 | 夜间发动机舱盖打开时照亮发动机 |

#### 4.4.5 汽车信号装置

1. 信号装置的作用

信号装置通过灯光和音响等手段,向行人和车辆发出警告,以保障行车安全。

2. 信号装置的组成

常见的汽车信号装置有喇叭音响信号装置(电喇叭、气喇叭等)、转向信号装置(转向灯、闪光器)、制动信号装置(制动灯、制动开关)、倒车信号装置(倒车信号灯、蜂鸣器)和危险警告信号装置等。

(1) 电喇叭结构与工作原理　电喇叭在所有汽车上都安装,分有触点和无触点两类。

触点式电喇叭有筒形、螺旋形和盆形等不同的结构形式。盆形电喇叭具有尺寸小,指向性好等特点,被现代汽车广泛应用,其结构如图4-56所示。

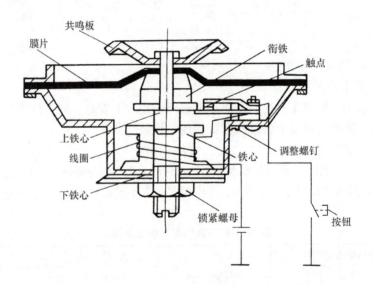

图4-56　盆形触点式电喇叭的结构

按下电喇叭按钮,线圈通电后产生磁力,吸动上铁心及衔铁下移,使膜片下拱,衔铁下移中将触点顶开,线圈电路被切断,其磁力消失,上铁心、衔铁及膜片在触点和膜片自身弹力的作用下复位,触点又闭合。触点闭合后,线圈又通电产生磁力吸动上铁心和衔铁。如此循环,使膜片振动,产生较低频率的振动,促使共鸣板产生谐振。发出音量适中、和谐悦耳的声音。

盆形电喇叭音调的高低取决于其膜片的振动频率。可通过改变上、下铁心之间的间隙来改变膜片的振动频率。需要调整音调时,松开锁紧螺母,旋动下铁心,旋入下铁心时,上下铁心之间的间隙减小,音调升高;旋出下铁心则使音调降低。调至合适的音调后,旋紧锁紧螺母即可。

盆形电喇叭音量的高低取决于线圈电流,通过线圈的电流大,膜片振动幅度也大,喇叭发出的音量也就大。线圈电流可以通过调整螺钉来调整触点的接触压力。调整螺钉旋出,触点接触压力增大,电喇叭音量增大;螺钉旋入则会抵消部分触点臂自身弹性,使电喇叭音量减小。

触点式电喇叭的触点容易烧蚀和氧化,工作不稳定,故障率较高,现代汽车广泛采用无触点电喇叭,即用晶体管代替触点,不存在触点烧蚀问题。

为使电喇叭声音更加悦耳,有的汽车上设置了双音(高、低音)喇叭或三音(高、中、低)喇叭,由于通过喇叭按钮的电流较大,一般采用喇叭继电器,以减小通过喇叭按钮的工作电流。

(2) 转向信号装置　用于显示汽车的转弯方向,由转向灯、转向灯开关和闪光器等组成。

转向灯安装于车身前端和后端的左右两侧,驾驶人转向时,通过转向灯开关,控制转向灯闪烁,发出警示。转向灯闪烁靠闪光器来完成。

(3) 制动信号装置　用于汽车制动时发出警示信号。它由制动信号灯、信号灯开关和制动灯断线报警开关等组成。

制动信号灯安装在汽车尾部,当驾驶人踩下制动踏板时,制动信号灯发出强烈红光警示。为了增强显示效果,有的汽车设有高位制动灯。

(4) 倒车信号装置　用于倒车时发出警示信号。它由倒车信号灯和倒车蜂鸣器组成。

### 4.4.6　汽车电路特点

#### 1. 低电压

汽车电系电压标准一般采用12V,部分大功率柴油机采用24V。低电压的优点是安全、电源简单。但电功率较小,不适应汽车用电设备日益增多的要求,酝酿中的汽车电系电压标准是42V/14V 电压体系。

#### 2. 单线制

由于电压低,汽车采用机体作为电流的一条公共回路,所以从电源向用电设备一般只用一条导线,称单线制。部分要求比较高的电路也有采用双线制的。

#### 3. 并联制

所有低压用电设备均采用并联制,电压相同。

#### 4. 负极搭铁

现代汽车都采用负极搭铁,即蓄电池的负极直接与机体连接。

## 项目小结

1) 汽车是由动力驱动,具有四个或四个以上车轮的非轨道承载车辆,包括与电力线相联的车辆(如无轨电车),主要用于载运人、货物及其他的一些特殊用途。整车整备质量超过400kg、不带驾驶室、用于载运货物的三轮车辆,和整车整备质量超过600kg的带驾驶室的三轮车辆,以及整车整备质量超过600kg、不带驾驶室、不具有载运货物结构或功能且设计和制造上最多乘坐2人(包括驾驶人)的三轮车辆也属于汽车。

2) 汽车按用途分有载客汽车和载货汽车等5类,每大类又分若干小类,其中乘用车是指主要用于载运乘客及其随身行李和/或临时物品的汽车,包括驾驶人座位在内最多不超过9个座位。

3) 汽车由发动机、底盘和车身(包括电气设备)三大部分组成。

4) 发动机是汽车的动力装置。其结构是在一个机体上安装一个机构(曲柄连杆机构)和六大系统(进排气系统、燃料供给系统、润滑系统、冷却系统、点火系统和起动系统)。柴油机则为五大系统,没有点火系统。

5) 底盘负责将发动机的动力进行传递和分配,并按驾驶人的要求进行行驶(加速、减速、转向、制动等)。它一般由传动系统、行驶系统、转向系统、制动系统等组成。

6) 车身(包括电气设备)是驾驶人操作和容纳乘客及货物的场所。一般由车身本体、开启件(各种门、窗、行李舱和车顶盖等)、附件(各种座椅、内外饰、仪表电器、刮水器、洗涤器、风窗除霜装置、空调等)和安全保护装置(保险杠、安全带、安全气囊等)组成,货车及专用车辆还有货箱及专用设备。

## 习题与思考题

1. 观察一辆汽车,辨认出发动机、底盘和车身的位置。
2. 观察一台四冲程发动机,看看它的结构和工作情况。
3. 观察一辆汽车,辨认出传动系统、行驶系统、转向系统、制动系统四大系统。
4. 观察一辆汽车,辨认出有哪些安全装置。
5. 观察一辆汽车,看仪表板有哪些仪表和警告灯。

# 项目5 新能源汽车基本结构与原理

> **教学目标与要求**
> - 理解电动汽车(纯电动汽车、混合动力电动汽车、燃料电池电动汽车)的特点、分类、基本结构与工作原理。
> - 理解清洁能源汽车的特点、分类、基本结构与工作原理。

围绕汽车节能、环保和安全需要,世界各国都在大力开发新能源汽车和技术,相继开发了电动汽车、燃气汽车、太阳能汽车等新能源汽车和大批新技术。

我国2004年颁布实施的"汽车产业发展政策"也明确提出"积极开展电动汽车、车用动力电池等新型动力的研究和产业化,重点发展混合动力汽车技术和轿车柴油发动机技术","国家支持研究开发醇燃料、天然气、混合燃料、氢燃料等新型车用燃料"。

## 任务5.1 电动汽车基本结构原理观察

### 5.1.1 电动汽车的特点及类型

#### 1. 电动汽车的特点

电动汽车(Electric Vehicle,EV)是纯电动汽车、混合动力电动汽车和燃料电池电动汽车的总称。图5-1所示为比亚迪e6纯电动汽车。与传统的燃油动力汽车相比较,电动汽车具有如下几个特点。

1) 能广泛地利用各种能源(电、油、煤、太阳能、水力能等)。
2) 能量的利用率高。
3) 零排放(电能驱动时)。
4) 制动能量再生回收(汽车制动时,利

图5-1 e6纯电动汽车

用制动的惯性能量发电)。

5) 结构简单、维修使用方便。

6) 目前,动力蓄电池寿命短,一次充电后的续驶里程短,价格较贵。

### 2. 电动汽车的类型

(1) **纯电动汽车(BEV)** 是指驱动能量完全由电能提供的、由电机驱动的汽车。电机的驱动电能来源于车载蓄电池或其他能量储存装置。

(2) **混合动力电动汽车(HEV)** 是指能够至少从可消耗的燃料和可再充电能/能量储存装置两类车载存储的能量中获得动力的汽车。

(3) **燃料电池电动汽车(FCEV)** 是以燃料电池系统作为单一动力源或者是以燃料电池系统与可充电储能系统作为混合动力源的电动汽车。

### 5.1.2 纯电动汽车(BEV)的基本结构与工作原理

#### 1. 基本结构

纯电动汽车主要由蓄电池组、控制系统和驱动系统组成(图5-2)。

(1) **蓄电池组** 蓄电池组是纯电动汽车的能源,目前广泛应用的蓄电池有锂蓄电池、镍-氢蓄电池、镍-镉蓄电池等。它们均是由若干单体蓄电池组成,每个单体蓄电池都是由正极板、负极板、装在正极板和负极板之间的隔板、电解质和正负接线柱组成。如比亚迪e6纯电动汽车蓄电池组,采用磷酸锂钴铁蓄电池,也是锂蓄电池的一种,它放在汽车底部,由96个单体蓄电池组成,总电压316.8V,蓄电池容量达220A·h,可以使续驶里程达到400km。

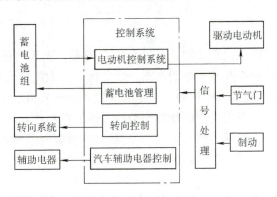

图5-2 纯电动汽车结构组成

(2) **控制系统** 其主要作用是对动力蓄电池组进行管理和对电动机进行控制。

对动力蓄电池组的管理包括对动力蓄电池组的充电与放电时的电流、电压、放电深度、再生制动反馈电流(汽车制动时,利用电动机旋转零件转动或制动的惯性能量发电,经逆变器变交流为直流,对蓄电池组充电的电流)、蓄电池的自放电率、蓄电池温度等进行控制。

(3) **驱动系统** 驱动电机是纯电动汽车的动力装置,这也是纯电动汽车与内燃机汽车的根本不同之处。现代纯电动汽车所采用的驱动电机主要是交流异步电动机、永磁电动机、直流电动机等。

BEV 的驱动系统有集中驱动系统和轮毂驱动系统两大类。如图 5-3 所示为由两个永磁电动机组成的双电动机集中驱动系统，左右两个永磁电动机直接通过半轴带动车轮转动，左右两个电动机由中央控制器的电控差速模块控制，形成机电一体化的差速器。如图 5-4 所示为由独立电动机驱动的轮毂驱动系统，电动机可以布置在两个前轮、两个后轮或 4 个车轮的轮毂中，成为前轮驱动、后轮驱动或四轮驱动的 BEV。

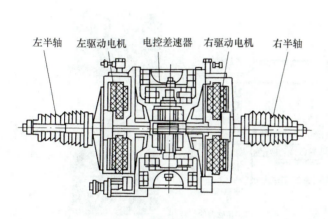

图 5-3　双电动机集中驱动系统　　　　图 5-4　轮毂驱动系统

## 2. BEV 的工作原理

在 BEV 中保存了加速踏板、制动踏板和各种操纵手柄等，在电动汽车工作时，传感器将加速踏板、制动踏板机械位移的行程量转换为电信号，输入中央控制器。经中央控制器处理后发出驱动信号，控制逆变器的工作状态，从而达到对电动汽车工况的控制。当汽车行驶时，蓄电池组输出的直流电经逆变器变为交流电后供入交流电动机，电动机输出的转矩经传动系统驱动车轮。

BEV 行驶状态与要求如图 5-5 所示，主要有起动、起步、正常行驶、急加速、上坡、减速制动、倒车和停车等。起动、起步时要求电动机供给大转矩，低速起步；平路正常行驶要求电动机提供足够驱动力和速度，同时能耗最低；急加速和上坡，要求电动机提供较大的驱动力，有较好的超载能力，减速制动时，要

| 起步·低速 | 通常行驶 | 急加速·上坡 | 减速·制动 | 倒车 | 停车 |
|---|---|---|---|---|---|
| | 行驶时主要依靠电动机 | | 利用制动能量回收，给蓄电池充电 | 电动机反转 | 电动机自动停止 |

图 5-5　BEV 行驶状态与要求

求电动机转化为发电机,回收减速制动的能量,向电池组充电;汽车停车时,要求电动机自动停止。

BEV 动力蓄电池需要经常充电,目前常用的有普通充电(220V 家庭充电)和快速充电(充电站或充电桩充电)两种方式。

### 5.1.3 混合动力电动汽车(HEV)的基本结构与工作原理

混合动力电动汽车的基本结构主要由控制系统、驱动系统、辅助动力系统和蓄电池组等部分构成(图 5-6)。

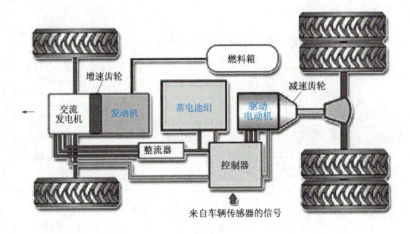

图 5-6 串联式混合动力电动汽车基本结构

**1. HEV 分类**

(1) 按照电动机功率占整车总功率的百分比大小分 可以分为弱混、中混和强混 3 种,其特征见表 5-1。

表 5-1 不同混合程度电动汽车主要特征

| 类型 | 主要特征 | 节油率 | 典型实例 |
|---|---|---|---|
| 弱混 | 具有 Start-Stop 功能和能量回收功能 | 5%~10% | 丰田 Vitz、长安 CX30 等混合动力汽车 |
| 中混 | 具有 Start-Stop 功能、能量回收功能、智能充电和电动机助力 | 10%~25% | 本田 Civic、上海荣威 750、上海通用君越混合动力汽车等 |
| 强混 | 具有 Start-Stop 功能、能量回收功能、智能充电和短距离纯电动行驶功能 | 25%~40% | 丰田 Prius、比亚迪 F3DM、大众捷达、本田 Insight 混合动力汽车等 |

(2) 按照能否外接充电分 可分为可外接充电式 HEV 和不可外接充电式 HEV。可外接充电式 HEV 在正常使用条件下可以从非车载装置中获得电能。插电式混合动力汽车属于此类,其动力蓄电池可以使用外部电源充电,容量比纯电

动汽车的小，但大于普通油电混合动力汽车，发动机只是作为后备动力来源，在电池电量耗尽时才启用。插电式混合动力汽车主要适合城市道路，作为一辆通勤车，可以达到节能减排的目的，是强混 HEV 的一种。不可外接充电式 HEV 在正常使用条件下从车载燃料中获取全部能量。其动力蓄电池容量很小，仅在起/停、加/减速的时候供应/回收能量，不能用纯电动模式较长距离行驶，其大部分时间是起动发动机运行，是一种弱混 HEV。

(3) 按照发动机与电动机的连接分　可分为增程式 HEV 和普通式 HEV。增程式 HEV 在纯电动模式下可以达到汽车所有的动力性能，而当车载可充电储能系统无法满足续航里程要求时，车载辅助供电装置会被启用，为动力系统提供电能，以延长续航里程，且车载辅助供电装置与驱动系统没有传动轴(带)等传动连接。增程式 HEV 的发动机直接与电动机连接，直接驱动，使发动机一直处于最佳工作状态，排放小、效率高，而且结构简单，无离合器和变速器。普通式 HEV 采用了机械动力混合结构，保留了离合器、变速器等部件，结构较复杂，且发动机工作范围较宽，不可能一直运行在最佳工作状态，排放和油耗较高。

(4) 按照混合动力电动汽车能量耦合方式分　可分为串联、并联和混联三种方式。串联式混合动力电动汽车(图 5-7)将发动机与动力蓄电池串联，共同驱动电动机运行。并联式混合动力电动汽车(图 5-8)中的发动机和电动机两套驱动系统以并联形式共同驱动车辆。混联式混合动力电动汽车(图 5-9)则综合了串联式和并联式混合动力电动汽车的结构特点。

图 5-7　串联式混合动力电动汽车结构示意

2. 工作原理(以比亚迪"唐"混合动力电动汽车为例)

(1) BEV 工作模式　在车辆行驶之初，蓄电池组处于电量饱满状态，其能量输出可以满足车辆要求，发动机不需要工作，电池组输出的直流电经逆变器变为交流电后供入驱动电机，驱动电机输出的转矩经变速器及驱动桥驱动车轮(图 5-10)。

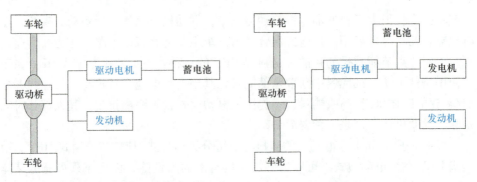

图 5-8　并联式混合动力电动汽车结构示意　　图 5-9　混联式混合动力电动汽车结构示意

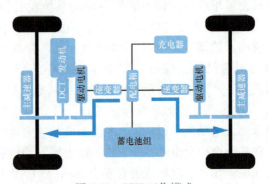

图 5-10　BEV 工作模式

（2）HEV 模式　当用户从 BEV 模式切换到 HEV 模式后，车辆由发动机和电动机共同驱动，实现了最佳的动力性和经济性（图 5-11）。

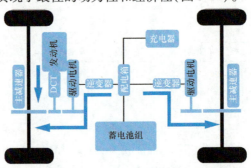

图 5-11　HEV 工作模式

当电量不足时，系统从 BEV 模式自行切换到 HEV 模式，使用发动机驱动，在车辆以较稳定的速度行驶时，发动机输出的一部分转矩会驱动电机进行发电，对动力蓄电池进行充电（图 5-12）。

汽车在电动系统故障时，可单独使用发动机驱动，实现了电动系统的独立性（图 5-13）。

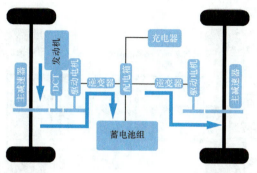

图 5-12　电量不足时的 HEV 模式

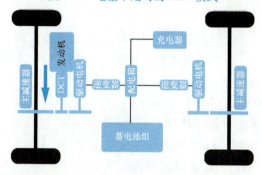

图 5-13　发动机单独驱动模式

（3）能量回收工作模式　汽车减速制动时，电动机转化为发电机，回收减速制动的能量，向蓄电池组充电。

### 5.1.4　燃料电池电动汽车（FCEV）的基本结构与工作原理

用通过电化学反应将燃料的化学能直接转变为电能的高效率发电装置作为动力源的电动汽车称为燃料电池电动汽车（FCEV）。燃料电池拥有其他动力系统没有的独特优点：产生电能的过程不产生任何污染物，而且氢作为一种能源，来源广泛，取之不尽。这对于节约化石能源并减少二氧化碳排放十分重要。

按氢气供给方式的不同，燃料电池电动汽车分为改质型和非改质型两种。利用车载改质装置制造氢气，再供给燃料电池的称为改质型；由车载氢气直接供应燃料电池的称为非改质型。

**1. 燃料电池电动汽车的基本组成**

它主要由燃料电池组、控制系统、驱动系统、燃料箱和蓄电池组等部分构成（图 5-14）。

（1）燃料电池组　它是 FCEV 的主要电流源，由多个 1V 以下的燃料电池串联组成，是一种将储存在燃料和氧化剂中的化学能通过电极反应直接转化为电能的发电装置。

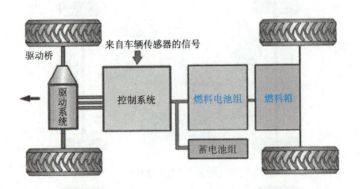

图 5-14 燃料电池电动汽车的组成

燃料电池工作时,外界不断供给负极氢气,供给正极空气(氧气)(图 5-15),在催化剂(铂、多孔石墨等)的作用下,产生如下反应:

负极　$2H_2 \longrightarrow 4H^+ + 4e^-$

正极　$O_2 + 4H^+ + 4e^- \longrightarrow 2H_2O$

负极经催化剂作用,氢原子中的电子被分离出来,在正极吸引下,在外电路形成电流,失去电子的氢离子,在正极与氧及电子结合为水,氧可从空气中获得,只要不断地供给氢气和带走水,燃料电池就可不断供给电能。

(2)燃料电池控制系统　用于控制燃料电池的反应过程(起动、反应、输出电能的调整、停止等),一般用燃料电池管理系统模块对燃料电池状态进行监控和检查。

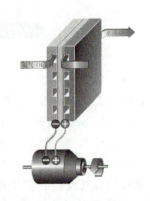

图 5-15 燃料电池工作原理

(3)驱动系统　燃料电池的电流需要经过专用的大功率动力 DC/DC 转换器,将燃料电池产生的直流电转换为稳压的直流电流,然后经过逆变器转换为交流电输送给驱动电动机,驱动车轮转动。

(4)蓄电池组　通常在 FCEV 上还要装配一个蓄电池组作为辅助电源,其作用是用于 FCEV 快速起动;用于储存 FCEV 在再生制动时反馈的电能;为电动汽车控制系统、照明系统等电气设备提供低压电源。

2. 燃料电池电动汽车的工作原理

在电动汽车开始行驶时,蓄电池组处于电量饱满状态,其能量输出可以满足汽车起动要求,由其为驱动系统提供能量,并对燃料电池进行预热,燃料电池动力系统不需要工作;当氢气供给足够时,燃料电池动力系统启动,由燃料电池动力系统为驱动系统提供能量；当车辆能量需求较大时，燃料电池动力系统与蓄电池组同时为驱动系统提供能量；当车辆能量需求较小时，燃料电池动力系统为驱动系统提供能量的同时，还给蓄电池组进行充电。

## 任务 5.2  清洁能源汽车基本结构、原理观察

目前常用的清洁能源有压缩天然气(Compressed Natural Gas, CNG)、液化天然气(Liquefied Natural Gas, LNG)和液化石油气(Liquefied Petroleum Gas, LPG)，其比较见表 5-2。

表 5-2  3 种清洁能源比较

| 清洁能源种类 | 特点 | 主要用途 |
| --- | --- | --- |
| CNG | 高压压缩的天然气，以气态储存在容器中，储存压力一般为 20MPa，主要成分为甲烷 | 短途汽车 |
| LNG | 低温液化的天然气，储存压力一般为 1.6MPa，也可常压存储运输，主要成分为甲烷 | 城市公共汽车、出租车 |
| LPG | 低温、加压液化的石油气，主要成分为丙烷和丁烷 | 城市公共汽车、出租车 |

以清洁燃料取代传统汽油或柴油的汽车称为清洁能源汽车(图 5-16)。

### 5.2.1 清洁能源汽车的特点

**1. 优点**

（1）有害气体排放低  天然气和液化石油气在常温下为气态，容易与空气混合形成均匀的可燃混合气，燃烧完全，可以大幅度减少 CO、HC 和微粒的排放。另外，天然气和液化石油气的火焰温度低，因此 $NO_x$ 的排放量也相应减少。

图 5-16  清洁能源汽车

（2）热效率高  天然气辛烷值高达 130，液化石油气的辛烷值也在 100 左右，因此，燃用天然气或液化石油气可提高发动机的压缩比，从而获得较高的发动机热效率。

（3）冷起动性能和低温运转性能良好  在暖机期间无需加浓混合气。

（4）可以燃用稀混合气  其燃烧界限宽，稀燃特性优越，可以减少 $NO_x$ 的生成和改善燃料经济性。

（5）延长润滑油更换周期  因其不稀释润滑油，可以延长润滑油更换周期和发动机使用寿命。

### 2. 缺点

1）储运性能差。因为天然气在常温、常压下是气体，所以体积大，储运性能差。目前广泛采用将天然气或石油气加压液化，充入车用气瓶内储运的办法，但这些气瓶既增加了汽车自重，又减少了载货空间。

2）一次充气的续驶里程短。

3）动力性能下降。CNG 或 LPG 均呈气态进入气缸，使发动机充气系数降低；另外，与汽油或柴油相比，CNG 或 LPG 的理论混合气热值小，因此，燃用 CNG 或 LPG 将使发动机功率下降。

#### 5.2.2 清洁能源汽车的基本结构与原理

清洁能源汽车总体结构与化油器式汽油机基本相同，只是燃料供给系统有所不同，因此这里只讨论清洁能源汽车燃料供给系统。

##### 1. CNG 汽车燃料供给系统的基本组成与工作原理

CNG 汽车燃料供给系统主要由燃料供给系统和电控系统两大部分组成（图 5-17）。前者主要由天然气瓶、高压减压阀、燃料截止阀、电控调压器、混合器等组成，实现压缩天然气在管路内输送和向发动机喷射等功能；后者主要由气体压力传感器等各种传感器、控制中心（ECM）、电子节气门等组成，以实现燃料的定时定量喷射。

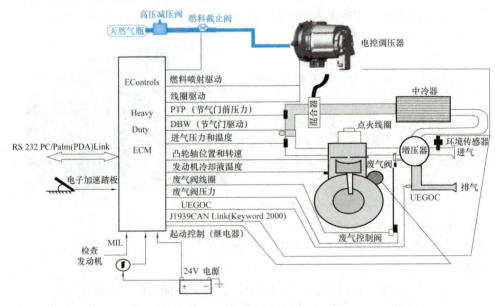

图 5-17　玉柴 CNG 汽车发动机组成

工作时，高压的压缩天然气从天然气瓶出来，经高压减压阀进入电控调压器。高压电磁阀的开合由 ECM 控制，它的作用是将高压的压缩天然气（工作压力25MPa左右)经过减压阀将压力调整到0.7~0.9MPa。电控调压器的作用是根据发动机运行工况精确控制天然气喷射量。天然气与空气在混合器内充分混合，进入发动机气缸内，经火花塞点燃进行燃烧，火花塞的点火时刻由ECM控制，氧传感器即时传递燃烧后的尾气的氧浓度信息，ECM根据氧气传感器反馈的信号，及时修正天然气喷射量。

### 2. LNG汽车结构特点

与CNG汽车相比，其天然气压力低得多，基本不需要高压转换，结构更加简单，工作原理也基本相似，这里不赘述。

### 3. LPG汽车燃料供给系统的基本组成与工作原理

LPG汽车燃料供给系统主要由燃料供给系统和电控系统两大部分组成（图5-18）。前者主要由储气瓶、充气阀、高压电磁阀、减压蒸发器、油气转换开关、混合器、喷嘴等组成，实现LPG的随车储存、在各种管路内输送、充装和向发动机喷射等功能；后者主要由各种传感器、控制器和执行器组成，与原车的ECU配合，实现燃料LPG的定时定量喷射。

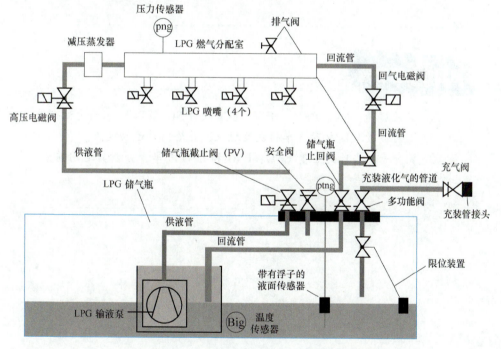

图5-18 LPG燃料供给系统组成

液化石油气以液态储存在储气瓶中，发动机工作时，储气瓶和储气瓶截止阀打开，由储气瓶流出的液化石油气经高压电磁阀和减压蒸发器调压、计量后以气态输送到燃气分配室，通过喷嘴喷入气缸，经火花塞点火燃烧。

## 项目小结

1) 电动汽车(EV)是纯电动汽车、混合动力电动汽车和燃料电池电动汽车的总称。

2) 纯电动汽车(BEV)是指驱动能量完全由电能提供的、由电机驱动的汽车。电机的驱动电能来源于车载蓄电池或其他能量储存装置。

3) 混合动力电动汽车(HEV)是指能够至少从可消耗的燃料和可再充电能/能量储存装置两类车载存储的能量中获得动力的汽车。

4) 燃料电池电动汽车(FCEV)是以燃料电池系统作为单一动力源或者是以燃料电池系统与可充电储能系统作为混合动力源的电动汽车。

5) 以清洁能源为燃料的汽车称为清洁能源汽车。它们是一种低污染汽车。目前常用的清洁能源主要有压缩天然气（CNG），液化天然气（LNG）和液化石油气（LPG）。

## 习题与思考题

1. 名词解释：EV、BEV、HEV、FCEV、CNG、LPG、燃料电池。
2. 上网检索我国电动汽车的发展现状，并给出自己的观点。
3. 调查一下当地是否有CNG、LNG和LPG汽车，分析其运用前景如何。

# 项目6 汽车选购与保险索赔

**教学目标与要求**

- 学会识读汽车主要性能指标。
- 掌握汽车选购的基本原则和方法。
- 掌握汽车保险的主要险种。
- 学会汽车投保险种的选择与申办。
- 学会汽车贷款的申办。
- 学会汽车索赔的申办。

## 任务6.1 汽车主要技术参数识读

某汽车4S店公布的上汽荣威750型汽车基本性能参数见表6-1。

表6-1 上汽荣威750型汽车基本性能参数

| 车 身 | | 发 动 机 | | 底 盘 | |
|---|---|---|---|---|---|
| (长/mm)×(宽/mm)×(高/mm) | 4865×1765×1422 | 排量/ml | 1796 | 变速器 | 5档手动 |
| 轴距/mm | 2849 | 进气形式 | 涡轮增压 | 驱动方式 | 前置前驱 |
| 前轮距/mm | 1507 | 气缸排列 | 4L | 前悬架类型 | 麦弗逊式独立悬架 |
| 后轮距/mm | 1504 | 配气机构 | DOHC | 后悬架类型 | Z型纵摆臂式后独立悬架 |
| 最小离地间隙/mm | 108 | 最大功率/kW | 118 | 转向助力类型 | 机械液压助力 |
| 车身结构 | 三厢车 | 最大功率转速/(r/min) | 5500 | 前制动器类型 | 通风盘式 |

(续)

| 车身 | | 发动机 | | 底盘 | |
|---|---|---|---|---|---|
| 车门数/个 | 4 | 最大转矩/(N·m) | 215 | 后制动器类型 | 盘式 |
| 座位数/个 | 5 | 最大转矩转速/(r/min) | 2500~4500 | 驻车制动类型 | 手动制动 |
| 油箱容积/L | 65 | 燃料 | 汽油95号 | 前轮胎规格 | 215/55 R16 |
| 行李箱容积/L | 432 | 环保标准 | 欧 IV | 后轮胎规格 | 215/55 R16 |

选购汽车，首先要了解汽车的主要技术参数，包括尺寸参数、质量参数和性能指标等。

### 6.1.1 汽车主要尺寸参数

汽车的主要尺寸参数包括轴距、轮距、总长、总宽、总高、前悬、后悬等（图6-1）。

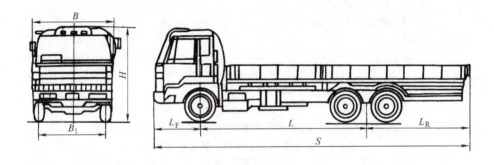

图6-1 汽车主要尺寸参数

S—总长 B—总宽 H—总高 L—轴距 $B_1$—前轮距 $L_F$—前悬 $L_R$—后悬

**1. 轴距 L**

轴距指车轴之间的距离。对双轴汽车，轴距就是前、后轴之间的距离；对三轴汽车，轴距是指前轴与中轴之间的距离和前轴与后轴之间的距离的平均值。

汽车轴距短，汽车总长就短，质量就小，最小转弯半径和纵向通过半径也小，机动灵活，一般普通轿车及轻型载货汽车轴距较短。但轴距过短会导致车厢长度不足或后悬过长，汽车行驶时纵向振动过大，汽车加速、制动或上坡时轴荷转移过大而导致其制动性和操纵稳定性变坏，以及万向节传动的夹角过大等。一般货车、中高级轿车轴距较长。

**2. 前、后轮轮距 $B_1$、$B_2$**

汽车轮距对总宽、总质量、横向稳定性和机动性都有较大影响。轮距愈大，则悬架的角度愈大，汽车的横向稳定性愈好。但轮距过大，会使汽车的总宽和总质量过大。

### 3. 汽车的外廓尺寸

汽车的外廓尺寸指总长 $S$、总宽 $B$ 和总高 $H$。我国对公路车辆的限制尺寸是：总高≤4m，总宽（不包括后视镜）≤2.55m，左、右后视镜等突出部分的侧向尺寸总共≤250mm；总长对于乘用车及二轴客车≤12m，三轴客车≤13.7m，单铰接客车≤18m，货车列车≤20m。

### 4. 汽车的前悬和后悬 $L_F$、$L_R$

汽车前悬：汽车前端至前轮中心的悬置部分。前悬处要布置发动机（发动机前置汽车）、弹簧前支架、车身前部、保险杠和转向器等，要有足够的纵向布置空间。前悬也不宜过长，否则会使汽车的接近角过小而影响通过性。

汽车后悬：汽车后端至后轮中心的悬置部分。后悬长度主要与货箱长度、轴距及轴荷分配有关。后悬也不宜过长，否则会使汽车的离去角过小而引起上、下坡时刮地，同时转弯也不灵活。

## 6.1.2 汽车的质量参数

汽车的质量参数主要指汽车的装载质量、整备质量、总质量、整备质量利用系数和轴荷分配等。

### 1. 汽车的装载质量

载客汽车：以座位数或载客量计。

载货汽车：以其在良好的硬路面上行驶时所装载货物质量的最大限额（t）计。超载将导致车辆早期损坏，制动距离变长，甚至造成交通事故。

### 2. 汽车的整备质量

汽车的整备质量指汽车在加满燃料、润滑油、工作液（如制动液）及发动机冷却液并装备（随车工具及备胎等）齐全后但未载人、载货时的总质量。整备质量越小的汽车，燃油消耗越少，经济性越好。

### 3. 汽车的总质量

汽车的总质量指已整备完好、装备齐全并按规定载满客、货时的汽车质量。

### 4. 汽车的整备质量利用系数

汽车的整备质量利用系数指载货汽车的装载量与其整备质量之比。它表明单位汽车整备质量所承受的汽车装载质量。此系数愈大表明该车型的材料利用率及设计与工艺水平愈高。

### 5. 汽车的轴荷分配

汽车的轴荷分配指汽车空载和满载时的整车质量分配到各个车轴上的百分比。它对汽车的牵引性、通过性、制动性、操纵性和稳定性等主要性能以及轮胎的寿命，都有很大的影响。

### 6.1.3 汽车主要性能指标

汽车主要性能指标有汽车的动力性能(最高车速、加速时间、爬坡性能)、经济性能(汽车的燃油消耗量)、制动性能(汽车的制动距离)、通过性能(最小转弯半径、汽车的最小离地间隙、接近角、离去角、纵向通过角)、操纵稳定性、汽车有害物排放、噪声和起动性能等。

#### 1. 汽车的最高车速

汽车的最高车速指在水平良好路面(混凝土或沥青)上和规定装载质量条件下汽车所能达到的最高车速(km/h),它是汽车的一个重要动力性能指标。目前普通乘用车最高车速一般设计为 150~200km/h。

#### 2. 汽车的加速时间

汽车的加速时间指汽车加速到一定车速所需要的时间。常用原地起步加速时间与超车加速时间表示。它也是汽车动力性能的重要指标。乘用车常用 0~100km/h 的换档加速时间来评价。

#### 3. 汽车的爬坡性能

汽车的爬坡性能指汽车在良好路面满载等速行驶的最大爬坡度。一般要求在 30%(即 16.7°)左右。越野车要求更高,一般在 60%(即 31°)左右。

#### 4. 发动机的有效功率

发动机曲轴输出的功率称为有效功率。

发动机制造厂按国家规定所标定的发动机有效功率称为标定功率。发动机铭牌上标明的功率就是标定功率。我国内燃机功率标定分为四级,见表 6-2。

表 6-2 我国内燃机功率标定

| 分级 | 含 义 | 应 用 |
| --- | --- | --- |
| 15min 功率 | 在标准环境条件下,内燃机能连续稳定运转 15min 时的最大有效功率 | 汽车等 |
| 1h 功率 | 在标准环境条件下,内燃机能连续稳定运转 1h 时的最大有效功率 | 工程机械、拖拉机等 |
| 12h 功率 | 在标准环境条件下,内燃机能连续稳定运转 12h 时的最大有效功率 | 部分拖拉机和电站等 |
| 持续功率 | 在标准环境条件下,内燃机能长期连续稳定运转的最大有效功率 | 铁路机车、船舶和发电机组等 |

对于相同排量的发动机,功率越大,动力性能越好。为了衡量不同发动机的动力性能,发动机还常采用升功率做比较。升功率是指发动机在标定工况下每升气缸工作容积所发出的有效功率。升功率越大,发动机动力性能越好。

### 5. 汽车的燃油消耗量

汽车的燃油消耗量通常以百公里油耗衡量,即汽车在良好的水平硬路面以一定载荷(轿车半载、货车满载)及最高档等速行驶时的百公里燃油消耗量,单位为L/100km。它是汽车的燃油经济性常用的评价指标。

### 6. 最小转弯半径

当转向盘转到极限位置、汽车以最低稳定车速转向行驶时,外侧转向轮的中心平面在支承平面上滚过的轨迹圆半径 $R$ 称为汽车最小转弯半径(图6-2)。它表征了汽车能够通过狭窄弯曲地面的能力。最小转弯半径越小,汽车的机动性越好。轿车的最小转弯半径一般约为轴距的 2~2.5 倍。

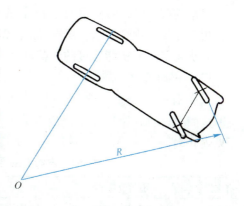

图6-2 汽车最小转弯半径

### 7. 汽车的制动距离

汽车的制动距离指汽车在良好的试验跑道上在规定的车速下紧急制动(紧急制动时踏板力对乘用车要求≤500N;对其他车要求≤700N)时,由踩制动踏板起到完全停车时的距离。按 GB 7258—2017 要求,乘用车空载以 50km/h 初速度的制动距离应≤19m,不同类型的汽车有不同的制动距离要求。

### 8. 汽车的最小离地间隙

汽车的最小离地间隙指汽车满载、静止时,平直地面与汽车上的中间区域最低点之间的距离 $h$(图6-3)。它反映了汽车无碰撞地通过地面凸起的能力。

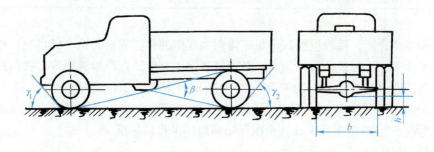

图6-3 汽车通过性指标

$h$—最小离地间隙　$b$—两侧轮胎内缘间距　$\gamma_1$—接近角　$\gamma_2$—离去角　$\beta$—纵向通过角

### 9. 接近角 $\gamma_1$

接近角指汽车满载、静止时,前端突出点向前轮所引切线与地面间的夹角(图6-3)。$\gamma_1$ 越大,越不易发生汽车前端触及地面的情况,通过性越好。

#### 10. 离去角 $\gamma_2$

离去角指汽车满载、静止时,后端突出点向后轮所引切线与地面间的夹角(图6-3)。$\gamma_2$ 越大,越不易发生汽车后端触及地面的情况,通过性越好。

#### 11. 纵向通过角 $\beta$

汽车满载、静止时,垂直于汽车纵向中心平面,分别与前、后车轮轮胎相切,相交并与车轮底盘刚性部件(除车轮)接触的两个平面形成的最小锐角(图6-3)。它决定了车辆所能通过的最陡坡度。$\beta$ 越大,汽车通过性越好。

#### 12. 汽车有害物排放

汽车有害物排放主要来自发动机,其中有一氧化碳(CO)、碳氢化合物(HC)、氮氧化物($NO_x$)、二氧化硫($SO_2$)、醛类和微粒(含碳烟)等,其主要危害见表6-3。

表6-3 发动机主要有害物排放及危害

| 有害排放 | 有害物特征 | 危　害 |
| --- | --- | --- |
| CO | 无色、无臭、有毒气体 | 使人出现恶心、头晕、疲劳等缺氧症状,严重时窒息死亡 |
| $NO_x$ | 赤褐色带刺激性的气体 | 伤害心、肝、肾。与光化学反应生成臭氧和醛等 |
| HC | 刺激性的气体 | 破坏造血机能,造成贫血、神经衰弱,降低肺对传染病的抵抗力。与光化学反应生成臭氧和醛等 |
| 光化学烟雾 | HC 与 $NO_x$ 在阳光作用下所形成的烟雾,有刺激性 | 降低大气可见度,伤害眼睛、咽喉,影响植物生长 |
| 醛类 | 较强的刺激性臭味 | 伤害眼睛、上呼吸道、中枢神经 |
| 微粒 | 碳烟等 | 伤害肺组织 |
| $SO_2$ | 无色、刺激性气体 | 刺激鼻喉、引起咳嗽、胸闷、支气管炎等 |

据资料介绍,目前世界汽车每年排向大气中的有害物质高达7亿多吨,严重污染了大气,已形成公害。为此,各国都制定了相应的汽车排放标准,我国排放标准参照欧洲法规体系,2000年开始执行EUⅠ标准,2004年开始执行EUⅡ标准。2008年7月1日起,正式执行国Ⅲ标准,自2011年7月1日起,实施国Ⅳ排放标准,2017年7月1日,全国开始实施国Ⅴ排放标准。

#### 13. 噪声

噪声是汽车工作时发出的一种声强和频率无一定规律的声音。它不仅损害人的听觉器官,还伤害神经系统、心血管系统、消化系统和内分泌系统,容易使人心情烦躁,反应迟钝,甚至造成耳聋,诱发高血压和神经系统的疾病,应该给予控制。我国的噪声限值标准中规定,汽油机轿车驾驶人耳旁的噪声不应超过85dB(A)。

### 14. 起动性能

起动性能是表征汽车发动机起动难易的指标。发动机起动性能好，可便于汽车起步行驶，同时减少起动时的功率消耗和发动机的磨损。

起动性能一般以一定条件下的起动时间长短来衡量。

### 15. 可靠性和耐久性

可靠性是指发动机在规定的运转条件下，具有持续工作、不会因为故障而影响正常运转的能力。可靠性一般以保证期内的不停车故障数、停车故障数、更换主要零件和重要零件数等具体指标来衡量。

耐久性是指发动机在规定的运转条件下，长期工作而不大修的性能。耐久性一般以发动机从开始使用到第一次大修前累计运转的时间表示。

#### 6.1.4 汽车发动机速度特性曲线

全面评价汽车动力性能、经济性能时经常采用发动机速度特性曲线。

**1. 发动机速度特性曲线的含义**

发动机速度特性曲线是指当燃料供给调节机构（如汽油机的节气门）位置不变时，发动机性能指标（转矩、功率、燃油消耗率等）随发动机转速的改变而变化的关系曲线，如图6-4所示。

当燃料供给调节机构固定在全负荷位置（如汽油机节气门全开位置）时，所测得的速度特性曲线称为外特性曲线或全负荷速度特性曲线。

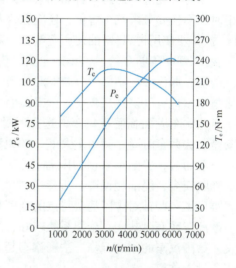

图 6-4 发动机速度特性曲线

**2. 发动机速度特性曲线的应用**

从外特性曲线可以找出该发动机的最大功率、转矩及对应的转速等。如图6-4所示，发动机的最大功率及对应的转速分别是123kW、6000r/min，最大转矩及对应的转速分别是225N·m、3500r/min。

根据发动机速度特性曲线可知，若要获得较大的功率，发动机转速就应该高一些；而要发挥最大转矩，则应该适当降低发动机的转速。

## 任务6.2 新车的选购

随着我国家用汽车逐渐普及，购买到称心如意的汽车是广大车主的愿望，本书对选购家庭轿车的基本原则和方法提供一些意见和策略，供参考。

### 6.2.1 确定购车档次

汽车档次分微型轿车、普通级轿车、中级轿车、中高级轿车和高级轿车等，其对应的排量和价格见表6-4。

表6-4 汽车档次对应的排量和价格

| 汽车档次 | 发动机排量/L | 参考价格/万元 | 车辆性能 | 购车目的 | 适用家庭 |
| --- | --- | --- | --- | --- | --- |
| 微型轿车 | ≤1 | ≤5 | 一般 | 代步 | 经济一般 |
| 普通轿车 | 1~1.6 | 5~10 | 较好 | 代步、公务 | 经济中等 |
| 中级轿车 | 1.6~2.5 | 10~15 | 好 | 公务、代步 | 经济较好 |
| 中高级轿车 | 2.5~4 | 15~25 | 豪华 | 公务、代步 | 经济好 |
| 高级轿车 | ≥4 | ≥25 | 超豪华 | 公务、享乐 | 经济很好 |

购车时首先应考虑购车目的和家庭的经济条件，量力而行。在考虑汽车费用支出时，不仅要考虑汽车售价，还应综合考虑附加费（包括车辆购置税、牌证费、保险费、车船使用税、日常的使用费等）。高档车各方面的收费都较高。

我国2004年颁布的"汽车产业发展政策"提出"引导汽车消费者购买和使用低能耗、低污染、小排量、新能源、新动力的汽车，加强环境保护"，对购买小排量汽车也有许多优惠政策，值得提倡。

有些购车者面临着进口车的选择问题。社会上流传有"日系车省油、德系车安全、法系车时尚、美系车大气"的说法，其有一定历史背景，可以参考。

一般而言，美国车系（通用、福特、克莱斯勒）材质优良、动力强劲、乘坐舒适、驾驶安全，但油耗偏高。近年美国汽车公司也吸收了日本车系的理念和技术，推出了一些针对中国消费特点的经济实用型轿车。

欧洲车系底盘扎实、悬架系统较好、注重操纵性、追求驾驶乐趣、制造工艺精良。德国汽车的刚劲沉稳、法国汽车超凡的操控性、意大利汽车出色的性能，一直为世人称道。

日本车系轻巧美观、造型新颖、油耗低、注重经济性。

相同排量和配置的进口车，由于关税原因，价格一般比国产车高，各种其他税费及日后的配件及使用费等都较高，应全面考虑。现在世界主要汽车大公司普遍与我国汽车公司合资，并根据我国实际情况引入或设计车型，生产出来的汽车质量都比较好。

### 6.2.2 确定汽车款式

现代汽车根据不同人的要求，设计有不同的款式供选择，个性化强，用户可以根据自己喜欢的款式，随意选择。不同车款特点如下所示。

**1. 三厢车**

三厢车的车尾有密封的行李舱，在空气调节及音响分布方面更有利于乘客，乘客之间交谈时也比较方便。缺点是扁阔的行李舱放不下较大件的行李，而且乘客在行车时，也照顾不到放在行李舱的东西。

## 2. 两厢车

两厢车的车尾没有行李舱，所以摆放简单行李的位置是在后座位靠背的后面，使车身的长度缩短了很多，转向更加灵活；此外，在停车时不用估计行李舱的长度，所以容易预算位置，给初学驾驶者带来不少的方便。

## 3. MPV 和 SUV 汽车

MPV（Multi-Purpose Vehicle）汽车（图6-5）就是"多用途客车"，它可以用作家用车，也可以用作商务车，还可以用作休闲旅行车，甚至可被当作小货车来使用，它兼具了轿车的舒适性和小型客车的较大空间的优点，一般为单厢式结构，即俗称的"子弹头"。

SUV（Sport Utility Vehicle）汽车（图6-6）是指造型新颖的多功能越野车，它不仅具有MPV的多功能性，而且还有越野车的越野性。

图6-5 MPV汽车　　　　图6-6 SUV汽车

MPV和SUV汽车都具有车身较高，视野较广阔，座位较高的特点，坐在上面，就好像坐在客厅的椅子上一样，身体与腿部成90°，令长途行车也不易感觉疲倦。

## 4. 轿跑车（图6-7）

轿跑车兼有轿车和跑车的特点，一方面强调要善于奔跑、具有运动性，另一方面又不能丢掉轿车载人、实用的功能。

轿跑车可以在轿车基础上增添跑车元素（例如丰田锐志、马自达6轿跑车、奔驰CLS），也可以是跑车基础上套用轿车的实用性元素（例如马自达RX-8、玛莎拉蒂Quattroporte等）。

图6-7 轿跑车

### 6.2.3 汽车颜色选择

#### 1. 颜色与心理感觉

汽车的颜色五花八门，不同颜色给人的感觉不同。

银灰色是最能反映汽车本质的颜色，看见银灰色就想起了金属材料，整体感很强。美国杜邦的调查结果显示，银色汽车最具人气，也最具运动感。

白色给人以明快、活泼、清洁、朴实大方的感觉，容易与外界环境吻合协调。另外，白色是膨胀色，容易使小车显大。日本汽车在20世纪80年代有白色代表高级的说法，白色车的销量曾经占到过总销量的70%。另外，白色车相对中性，男女都很适合驾驶。

黑色是一种矛盾的颜色，既代表保守和自尊，又代表新潮和性感，给人以庄重、尊贵、严肃的感觉。黑色也容易与外界环境相吻合。黑色一直是公务车最受青睐的颜色，高档汽车用黑色显得气派十足，但低档车最好不要选用黑色。

红色给人以跳跃、兴奋、欢乐的感觉。红色是膨胀色，同样可以使小车显大。阳光下感觉如同一团火焰，非常提神，用于跑车或运动型车非常适合。

蓝色给人感觉是清爽、清凉、冷静、豪华和气派。

黄色给人以欢快、温暖、活泼的感觉。黄色是膨胀色，在环境视野中很显眼，跑车选用黄色非常适合，小型车用黄色也非常适合。出租车和工程抢险车的黄色，一是便于管理，二是便于人们及早地发现，可与其他汽车区别。私用车选用黄色的不多。

绿色有较好的可视性，这是大自然中森林的色彩，也是春天的色彩。小型汽车选绿色很有个性，但豪华型车如果选用绿色，有点不伦不类的感觉。

实际汽车生产企业一般都准备了很多种颜色可供选择，如捷达汽车颜色高达16种，有些高档车更是准备了几十种颜色。选车时可以向销售商索取该车的色彩样本，选择自己钟爱的颜色，据此向销售商订货。

#### 2. 颜色与行车安全

国内外大量科学研究表明，不同外表颜色汽车发生撞车等交通事故的概率不同。如图6-8所示，黑色汽车交通事故率最高，而银灰色最安全。

专家解析认为，首先，颜色是有进退性的，即所谓的前进色和后退色。例如，有红色、黄色、蓝色、黑色共4部轿车与你保持相同的距离，你就会觉得红色车和黄色车要离自己近一些，是前进色；而蓝色和黑色的轿车看上去较远，是后退色。前进色的视觉效果要比后退色好，看起来要近一些，驾驶人就会早一点时间察觉到

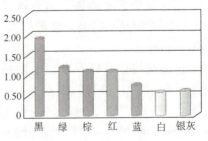

图6-8　汽车颜色与行车安全

危险情况。

其次，颜色有胀缩性，即膨胀色和收缩色。如将相同车身涂上不同的颜色，会产生体积大小不同的感觉。如黄色看起来感觉大一些，是膨胀色；而同样体积的黑色、蓝色感觉小一些，是收缩色。收缩色看起来比实际要小，尤其是傍晚和下雨天，常因不为别的车辆和行人注意而诱发事故；黄色等为膨胀色，看起来比实际要大，不论远近都很容易引起注意。

### 6.2.4　比较汽车性能

汽车好坏的本质在于性能，应该从厂商提供的说明书，初步了解车辆的性能，汽车主要使用性能指标主要与如下汽车组成部分有关。

#### 1. 发动机

发动机是汽车的"心脏"，它的性能决定了整车的动力性能、经济性能和排放性能。

一般发动机排量大，额定功率就大，牵引力就大，车速也会高，但百公里燃油消耗也高。从汽车说明书上可以直接看出上述指标，好的发动机应该要求"马儿跑得快，又要马儿少吃草"。

#### 2. 底盘

汽车的底盘直接影响到车辆的行驶安全、稳定性、舒适性和操作方便性，也影响到汽车的动力经济性能。

汽车底盘的变速器有手动和自动两种类型可供选择。自动变速器的汽车少了一个离合器，可使驾驶人左脚完全解放出来，驾驶起来轻松很多，复杂路况不用分心去换档，思想集中，行车事故相对减少。对于驾驶经验不足者、女性和老年人等，采用自动变速器的汽车有很大的优越性。但使用自动变速器的汽车的价格要比使用手动变速器汽车的高，百公里油耗也稍高，加速要慢一些。所以，熟练的驾驶人较多选用手动变速器。

#### 3. 车身

车身款式多样，可以从外观直接了解。车身总体尺寸（总长、总宽、总高、轴距、轮距等）在汽车说明书上都有标出。相同外形尺寸的车辆，轴距和轮距越大，车身稳定性越好，车内空间越大；缺点是占地面积大、转弯半径大、质量大、油耗高。

车身的设计还与油耗有很大关系，流线型越好的车空气阻力越小，越省油。

### 6.2.5　比较汽车的配置

一个系列的家用汽车，往往包括很多具体型号，它们之间可能外形没有很大区别，但内容却相差很多，价格也不尽相同。其价格区别在于汽车配置的不同。

这些配置主要包括：是否有空调装置、防抱死制动装置（ABS）、安全气囊（SRS）、CD音响、全球定位系统（GPS）、倒车雷达、铝合金轮毂、金属漆、转向助力装置、防撞侧杆、电动后视镜、电动门窗、天窗、防盗设施以及水杯托架、储物箱等，可以根据自己需要与条件选择。

安全配置要优先考虑。ABS、安全气囊（SRS）已经成为乘用车的必须配置。一些性格比较急躁的人，也应该充分考虑汽车的安全配置。

真皮座椅气派、美观、凉爽、透气性好、易于擦洗，适于南方炎热地区使用；北方人喜欢选用绒面或布面座椅。中国幅员辽阔，客观环境千差万别，挑选汽车时也要区别对待。

CD音响不可没有，但也不必要求太高。高保真音乐越动听，越容易分散驾驶时的注意力，增加出现事故的可能性。

### 6.2.6　比较汽车的售后服务

车辆的售后服务是购车时应考虑的一个重要的环节，因为日后车辆的维护和维修要延续几年甚至十几年时间，良好的售后服务会给车主带来许多方便。

对比售后服务，一是要看所在的地区有多少确定购买的品牌汽车的专业维修点，维修点多，说明厂家重视售后服务，同时也可以有更多选择的余地；二是看这些专业维修点的维修水平、服务态度、价格标准。可以前往专业维修点感受一下服务，看看厂商给予该维修点何种授权及评价。

保修期长短是售后服务的重要内容。汽车在保修期内，厂家负责免费维修，只要不是人为因素，一般连维修配件都是免费的。

保修期分保修年数和行驶里程数两种，要分析比较。对于出租车、营运车来说，应按行驶里程数保修；而对私家车来说，应按保修年数保修。这也是选车时不能不考虑的一个因素。

### 6.2.7　比较他人对汽车的评价

#### 1. 请教专家

专家主要是指有经验的汽车修理工、驾驶员、销售人员、专业老师、管理人员等，他们常年与汽车打交道，所以最有发言权。

#### 2. 请教身边购车者

可以向身边购车者咨询，如：最近跑长途了吗，路上时速多少，买来多久进的修理厂，修理厂的态度、价格怎么样，夏天开空调时凉快吗，开空调油耗多少，到野外去过吗，山道上跑得怎么样等。

#### 3. 查询网上车友论坛

形形色色的有车族（包括无车的网民）在网站上发布了大量的网帖，语言生动、畅所欲言，信息量之大，任何媒体无可比拟，可以作为一个参照。当然，对于网上的信息必须注意筛选。

#### 4. 留意新闻媒体的报道

近年来，新闻媒体对于汽车的报道越来越多，通常新闻媒体的报道正面为多，注意将不同媒体不同来源的消息放在一起分析，再得出结论。

还有一种评价方法，就是注意股市和股价的变化。我国主要的汽车制造企业都是上市公司，业绩会比较准确地反映到年报中，从而影响股价的变化。

### 6.2.8 新车的现场选购技巧

选定了品牌、车型后，面临的应是怎样挑选和验收新车了，准车主们可参照以下步骤验收。

#### 1. 查看出厂日期

出厂日期是该车从生产线上完成装配的日期，它往往被注明在发动机舱盖下面的一块小铝牌上。如果看到这个日期与买车的日期十分接近，说明该车较新。另外，新车的里程表上显示 10~20km 是正常的，可以认定为是"零公里"的新车。

#### 2. 查看轮胎

零公里新车的轮胎是完全没有磨损的，包括轮胎制造过程中产生的细小痕迹以及刺状的突起应保持完好。

#### 3. 观察"跑冒滴漏"

打开发动机舱盖，观察发动机气缸体和气缸盖、油底壳之间有无润滑油渗漏，散热器周围有无水渍，蓄电池桩头附近有无污染和锈蚀，空调管路的接口处有无尘土粘连。

观察底盘，检查转向节附近有无渗油，驱动轴的防尘套是否完好，减振器周围有无尘土粘连，减振的橡胶零件有无变形，变速器和后桥的外壳是否有渗漏的油迹，或观察地面是否有滴油的痕迹。

#### 4. 检查车门

试试车门开启是否灵活，听听车门开合时的声音。关门时，如果发出沉闷的砰砰声音，说明车门工艺精湛，密封性良好；如果关门时，发出清脆的啪啪声，说明车门工艺不好，密封性差。

#### 5. 观察车身

应首先注意发动机舱盖、行李舱盖以及车门装配的几何尺寸是否准确，缝隙是否均匀；边角有无鼓包；线条是否清晰明快。观察时应侧面迎着光线，这样可以了解车身的弧线是否圆滑、棱线是否笔直。

#### 6. 车内检查

坐进驾驶室，试试门窗玻璃升降是否平顺，角落边缘有无锈迹，座位有无污垢。用手晃动转向盘，上下不能有窜动现象，左右转动转向盘，应该有一定自由行程，这个自由行程要符合使用说明书的要求，一般不超过 15°。检查仪表板及仪表装配是否工整，有没有歪斜现象；试试工具箱、烟灰缸以及车内其他小装置的开合是否顺畅。

### 7. 检查汽车电器

检查蓄电池的液面高度和电解液密度是否符合规定。看看蓄电池的正、负极桩头是否洁净。

打开点火开关钥匙的第一档，仪表板上所有的指示灯应该全亮。油量指针应该有上升的变化。检查灯光时，先打开故障报警开关，此时，所有的灯光均应有节奏地闪动；拨动转向灯开关和雾灯开关，检查灯光是否完好；挂倒档，倒档灯应该亮起；踩下制动踏板，制动灯应该亮。

检查刮水器，在中、低、高各速度上应工作正常，洗涤器出水应畅通。

按动喇叭，声音应该柔和动听。

打开收录机，听音响效果。先开到最小声音，听音响对细小声音的分辨能力；然后，开到最大声音，听音响是否失真。

### 8. 试车

试车是购车的关键环节，包括察看、驾驶、检验等项目，请修理技师或有开车经验的人一同挑选最好。

1）静止状态下，检查一下加速踏板是否反应灵敏；离合器踏板是否过硬过沉；离合器踏板和制动踏板是否有一定的自由行程，这个自由行程是否符合使用说明书要求；踏下制动踏板到极限，有无继续向下的感觉，如果有，说明制动管路有问题。三个踏板均应回位迅速、无卡滞的现象。

2）起动发动机，看看发动机在怠速时是否平稳，有无不规则颤动，转速表的指针是否上下晃动，若晃动厉害，说明怠速不稳。观察转速表指示的转速是否符合说明书要求；加大节气门开度，发动机的声音应该是由小到大的平稳轰鸣。其中如果有极细小的金属敲击声或沉闷的碰撞声，都可能是发动机致命的缺陷。可以多试几台车，互相区别一下它们发动机的声音，选一辆声音最小、最柔和的。

3）在颠簸的道路上打开窗户，倾听底盘、减振器是否出现异响。

4）突然加大节气门开度，看看发动机的反应快慢，车子是否有"推背感"，如果有，说明加速性能良好。

5）轻轻转动转向盘，其反应应该及时灵敏。如果感觉很沉，很费力，或者自由行程过大，反应迟缓，说明转向助力装置或转向机有问题。汽车行驶向左右转弯后，让它自己转回，看看是否朝正直方向前进，如果不能回到正直方向或者出现跑偏现象，说明转向机或前轮的前束有问题。

6）检查制动，轻轻踏下制动踏板，看看是否反应灵敏，反应迟缓或过于灵敏都不好。紧急制动后，方向应仍能保持正直。

## 任务6.3  汽车保险申办

陈先生最近考取驾照后，新购华晨宝马218i领先型旅行车1辆，价格25万元，家庭经济较好，应该如何选择汽车保险？

### 6.3.1  汽车保险概述

#### 1. 汽车保险

汽车保险是以汽车本身及第三者责任等为保险标的的一种不定值财产保险。保险客户，主要是拥有各种汽车的法人团体和个人；保险标的，主要是各种类型的汽车。

#### 2. 汽车保险意义

随着社会经济的发展和人民生活水平的不断提高，汽车的数量不断增加，尤其是家庭拥有的乘用车数量增长迅速，交通事故频繁发生，给人类的生命财产造成了极大的威胁。汽车保险使道路交通事故受害人依法得到赔偿，是保护人身财产安全的重要举措，是现代社会处理风险的一种非常重要的手段，是风险转嫁的一种最重要、最有效的方法，是不可缺少的经济补偿制度。

#### 3. 汽车保险的法律法规

为了使交通事故中受害者的正当权益得到有效保证，各国都制定有各种汽车保险的法律法规。世界上最早的一份汽车保险出现在1895年的英国。我国于1950年也开办了汽车保险，1980年全面展开，国务院及中国保监会(现为中国银保监会)先后发布了《机动车交通事故责任强制保险条例》《中华人民共和国保险法》《关于加强机动车辆商业保险条款费率管理的通知》《中国保险行业协会机动车综合商业保险示范条款》《关于深化商业车险条款费率管理制度改革的意见》等一系列法规文件，有力地推动了我国汽车保险的改革。

我国汽车保险条例规定：在中华人民共和国境内道路上行驶的机动车的所有人或管理人都应当投保机动车交通事故责任强制保险(交强险)，机动车所有人、管理人未按规定投保交强险的，公安机关交通管理部门有权扣留机动车，通知机动车所有人、管理人依照规定投保，并处以应缴纳的保险费的2倍罚款。而商业险可以根据需要由车主自主参加。汽车保险由保险公司组织实施。

### 6.3.2  汽车保险种类

我国汽车保险一般包括强制车险(交强险)和商业车险两种。

#### 1. 交强险

交强险是由保险公司对被保险机动车发生交通事故造成第三方受害人(不包括本车人员和被保险人)的人身伤亡、财产损失，在责任限额内予以赔偿的强制性责任保险。

交强险的保险费用根据不同车辆（分家庭自用车、非营业客车、营业客车等 8 大种类 42 种小类）和出险（指发生了保险事故）情况的不同而不同。如 6 座以下家用乘用车第一年保费为 950 元/年。

2. 商业险

商业车险包括基本险和附加险两部分。基本险分为车辆损失险和第三者责任险。

(1) 车辆损失险　车辆损失险是指对由于保险责任范围内的自然灾害和意外事故造成投保车辆本身的损失由保险人负责赔偿的一种机动车辆保险。

车辆损失险的保险责任包括：碰撞、倾覆、坠落；火灾、爆炸；外界物体坠落、倒塌；暴雨、暴风、龙卷风、洪水、泥石流、海啸、冰雹；地陷、冰陷、雷击、崖崩、雪崩；载运被保险车辆的渡船遭受自然灾害（限有驾驶人员随船照料）。

(2) 第三者责任险　第三者责任险是指保险人或其允许的驾驶人员在使用保险车辆过程中发生意外事故，致使第三者遭受人身伤亡或财产直接损毁，依法应当由被保险人承担的赔偿责任，由保险公司负责赔偿。

(3) 附加保险　其种类与内容见表 6-5。

表 6-5　附加保险的种类与内容

| 序号 | 种类 | 内容 |
| --- | --- | --- |
| 1 | 全车盗抢险 | 是指保险车辆全车被盗窃、被抢夺，经公安刑侦部门立案证实，满三个月未查明下落，或保险车辆在被盗窃、被抢劫、被抢夺期间受到损坏，或车上零部件及附属设备丢失需要修复的合理费用，由保险公司负责赔偿 |
| 2 | 车上责任险 | 分为车上人员责任险和车上货物责任险，是指投保了本项保险的机动车辆在使用过程中，发生意外事故，致使保险车辆上所载货物遭受直接损毁或车上人员的人身伤亡，依法应由被保险人承担的经济赔偿责任，保险公司在保险单所载明的该保险赔偿额内计算赔偿 |
| 3 | 无过失责任险 | 指车辆在使用中，因与非机动车辆、行人发生交通事故，造成对方人员伤亡或财产直接损毁，保险车辆一方无过失，且被保险人拒绝赔偿未果，对被保险人已经支付给对方而无法追回的费用，保险公司负责给予赔偿 |
| 4 | 车载货物掉落责任险 | 指车辆在使用中，所载货物从车上掉下致使第三者遭受人身伤亡或财产的直接损毁，依法应由被保险人承担的经济赔偿责任，保险公司负责赔偿 |
| 5 | 玻璃单独破碎险 | 指车辆在停放或使用过程中，发生本车玻璃单独破碎，保险公司按实际损失进行赔偿 |
| 6 | 车辆停驶损失险 | 指车辆在使用过程中，因遭受自然灾害或意外事故，造成车身损毁，致使车辆停驶造成的损失。保险公司按照与被保险人约定的赔偿天数和日赔偿额进行赔付 |

(续)

| 序号 | 种类 | 内　　容 |
|---|---|---|
| 7 | 自燃损失险 | 指车辆在使用过程中，因本车电路、线路、供油系统发生故障及运载货物自身起火燃烧，造成保险车辆的损失，保险公司负责赔偿 |
| 8 | 新增加设备损失险 | 指车辆在使用过程中，因自然灾害或意外事故造成车上新增设备的直接损毁，保险公司负责赔偿 |
| 9 | 车身划痕损失险 | 是指因非碰撞原因导致的车身划痕损失，由保险公司负责赔偿 |
| 10 | 不计免赔特约保险 | 指车辆发生事故，损失险及第三者责任险事故造成赔偿，对其在符合赔偿规定的金额内按责任应承担的免赔金额，保险公司负责赔偿 |
| 11 | 其他 | 上述以外的保险，如发动机特别损失险、随车行李物品损失保险、涉水险、后视镜及车灯单独损坏险等 |

### 6.3.3　汽车保险种类的选择

汽车保险项目繁多，除交强险外，其他保险车主可以根据自己具体情况有所选择。目前一般有如下 5 种组合方案（表 6-6）可供选择。

表 6-6　汽车保险组合

| 组合方案 | 险种组合 | 优点 | 缺点 | 适用对象 |
|---|---|---|---|---|
| 最低保障方案 | 第三者责任险 | 费用较低 | 一旦撞车，自己车的损失自己负担 | 急于上牌照或通过年检的个人 |
| 基本保障方案 | 车辆损失险+第三者责任险 | 费用适当，能够提供基本的保障 | 不是最佳组合 | 有一定经济压力的车主 |
| 经济保险方案 | 车辆损失险+第三者责任险+不计免赔特约险+全车盗抢险 | 投保最必要、最有价值的险种，性价比最高 | 不是最完善的保险方案 | 是个人精打细算的最佳选择 |
| 最佳保障方案 | 车辆损失险+第三者责任险+车上责任险+玻璃单独破碎+不计免赔特约险+全车盗抢险 | 投保价值大的险种，物有所值 | 保费较高 | 一般公司或个人 |
| 完全保障方案 | 车辆损失险+第三者责任险+车上责任险+玻璃单独破碎+不计免赔特约险+新增加设备损失险+自燃损失险+全车盗抢险 | 绝大部分事故损失都能得到赔偿 | 保费高，某些险种出险的概率小 | 经济充裕的车主 |

### 6.3.4 汽车投保方式与渠道

#### 1. 汽车投保

汽车投保是指经主管部门检验合格并领有牌照的机动车辆，其所有人或管理人向保险公司办理汽车保险手续，被保险人与保险公司签订保险契约的过程。保险契约是具有法律效力的经济合同，涉及双方的权利与义务，一经签订，双方均必须执行。

#### 2. 汽车保险公司

目前我国影响较大的三家保险公司，一是中国人民保险(集团)股份有限公司，总部设在北京；二是中国太平洋保险(集团)股份有限公司，总部设在上海；三是中国平安保险(集团)股份有限公司，总部设在深圳。从整个汽车保险市场看，这三家保险公司占有我国90%以上的市场份额，形成了"三足鼎立"的局面。除以上三家保险公司外，经营汽车保险业务的保险公司还有中国保险(控股)股份有限公司、中华联合财产保险股份有限公司等许多保险公司。

#### 3. 投保方式

在车险市场竞争日益白热化的今天，出现了多种投保方式与渠道(表6-7)，其保费价格、服务内容也不尽相同，如何选择方便快捷、价格便宜、服务全面的渠道，值得探讨。

表 6-7 投保方式与渠道

| 渠道 | 方法 | 优点 | 缺点 | 注意事项 | 适合人群 |
| --- | --- | --- | --- | --- | --- |
| 电话投保 | 拨打保险公司的车险销售电话即可，有专业人员上门服务 | 操作简单，投保快捷(3天左右)，投保较优惠 | 需要选择较理想的保险公司，拨打正确电话 | 需提防"山寨"版投保电话，也要防止遭遇假保单 | 懂得电话投保业务，善于精打细算的人 |
| 网上投保 | 通过进入车险官方网站，自主选择险种 | 方便快捷(几分钟即可完成投保)，投保最优惠 | 需要懂一些计算机网络知识，对汽车险种熟悉 | 务必在官方网站进行投保，谨防虚假的钓鱼网站 | 懂得计算机网络知识，同时对险种有明确要求的人 |
| 4S店投保 | 购车后在经销商处直接投保 | 简单方便，购车、投保一步到位，出险索赔与维修同步 | 保费浮动较大，费用相对较高 | 投保前需要事先了解哪些险种没必要购买 | 初次购车人群 |
| 保险中介投保 | 将相关资料交予中介公司，由其代为购买 | 可货比三家，比较多个保险公司产品情况 | 容易出现中介骗保的情况 | 要选择资质过硬的中介公司，保单验证真伪后再付款 | 对保险中介熟悉的人群 |
| 营业厅投保 | 车主携带相关资料去保险公司营业网点，当场填单缴费投保 | 权威可靠，手续齐全，立等可取 | 没有上门服务，只能去固定营业厅办理，优惠少 | 对险种熟悉，投保资料要齐全 | 对险种要求明确 |

### 6.3.5 汽车投保流程

**1. 汽车投保基本流程**

不同投保方式，流程有所不同，其基本流程如图6-9所示。

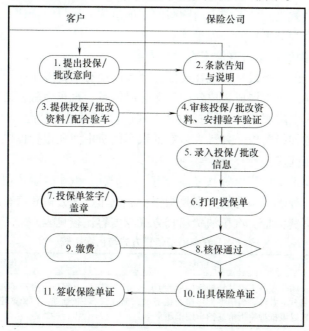

图6-9 汽车投保基本流程

以下三种情形可免验车：

1）单保责任险：是指商业第三者责任险、车上人员责任险及其附加险。

2）按期续保：是指本年度保单保险期间起期与上年度保单保险期间止期相连，且本年度承保的损失险类（包括车辆损失险、全车盗抢险及其附加险）险别上年均有承保。

3）新购置车辆：是指购置日距保险日不超过7天的车辆。

**2. 投保注意事项**

1）应选择具有合法资格的保险公司营业机构购买汽车保险，要了解各公司提供服务的内容及信誉度，以充分保障自己的利益。

2）详细了解汽车保险条款内容，各家保险公司的车险条款有所不同，一定要看清楚。

3）根据自身实际需要购买合适的险种。

4）起保时间由投保人自己确定，保单生效时间从起保日的当天0时起，到约定期满日的24时止。保险有效期以一年为限，也可以少于一年，但不能超过一年。期满后可以续保，并重新办理手续。

## 任务6.4 汽车贷款申办

汽车消费贷款是贷款人向申请购买汽车的借款人发放的贷款,是一种以刺激汽车消费、扩大汽车销售的一项举措。

### 6.4.1 我国的汽车消费信贷方式与内容

汽车消费贷款业务最早出现在美国,至今已经有一百多年的历史,并且已经由汽车消费信贷逐步发展成为成熟的汽车金融体系,汽车金融公司成为汽车消费信贷及其他汽车金融服务的主要提供者。我国汽车消费信贷起步于1995年,还处在汽车金融的初级阶段,并且大多数的汽车信贷由商业银行提供,汽车金融公司在我国才刚刚起步。

我国的汽车消费信贷以贷款来源分有银行贷款、汽车金融公司贷款和汽车经销商消费信贷3种形式。他们分别是指银行、汽车金融公司和汽车经销商直接向借款人发放的消费信贷。汽车消费信贷方式与内容比较见表6-8。

表6-8 汽车消费信贷方式与内容比较

| 汽车信贷方式 | | 信贷内容 | 优缺点 |
| --- | --- | --- | --- |
| 银行贷款 | 抵押贷款 | 购车债务人以其抵押物(一般为房产)作为获得贷款的条件。当债务人不履行债务时,债权人有权以该抵押物折价或拍卖用于还贷 | 需要有房产等作为抵押,手续比较烦琐。房地产不易贬值,比较受银行的欢迎 |
| | 按揭贷款 | 购车债务人以购买的汽车作为担保,按规定支付首付款后,银行将借款人所购汽车的产权转给银行作为还款的保证,然后由银行贷款为其垫付其余的购车款。在还清全部按揭的本息后,银行将该汽车的所有权转回给购车者 | 无需其他抵押物,手续简便。需要偿还银行一定利息 |
| | 质押贷款 | 购车债务人将其本人的动产①移交给贷款银行,暂时归银行占有作为担保。当债务人不履行债务时,贷款银行有权依法以该抵押动产折价或拍卖、变卖,获得的价款优先用于还贷 | 手续简单、变现能力强,银行欢迎,但拥有大额存单的人不多 |
| | 第三方担保贷款 | 是指汽车经销商为购车人提供第三方担保的贷款。对借款人未按合同约定偿还贷款本息的,经销商将承担第三方担保责任 | 贷款的保障比较差,经销商和银行要承受风险 |
| 汽车金融公司贷款 | | 是指汽车金融公司为购车人提供的一种贷款,买方需支付本金和一定的利息 | 贷款申请门槛比银行低,手续便捷,但费用稍高 |
| 汽车经销商信贷 | | 是汽车经销商向买方提供的一种贷款,买方需支付首付款和分期偿还本金和利息 | 是卖方的一种促销方式,也为买方提供了方便,但需要支付一定利息 |

注:可以作为汽车质押贷款的动产有:银行存单、国库券、金融债券、国家重点建设债券、汇票、本票、支票、提单、股份、股票、商标权、专利权等。

### 6.4.2 汽车消费信贷的程序

不同汽车消费贷款方式的流程有所不同,以目前常用的汽车经销商信贷为例,其流程如图 6-10 所示。

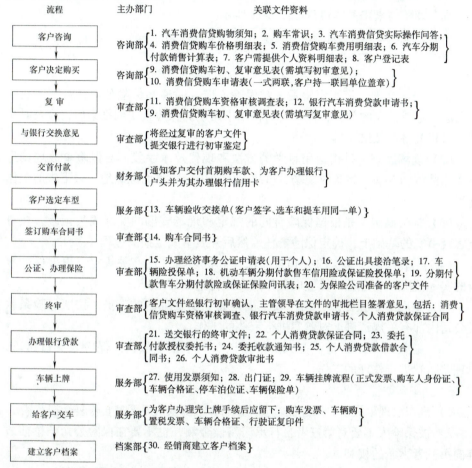

图 6-10 汽车经销商信贷流程(图中数字为操作性文件目录号)

## 任务 6.5 汽车索赔申办

### 6.5.1 汽车理赔与索赔

**1. 汽车理赔与索赔的含义**

汽车理赔是指汽车发生交通事故后,保险公司根据事故发生具体情况、保险条款和相关政策法规所进行的保险赔付过程。

汽车索赔是指汽车发生交通事故后,被保险人可就自己的事故损失向保险人提出索赔要求，这是被保险人的一项权利。具体赔付数值，则必须根据事故具体情况、保险条款和相关政策法规进行核算。

**2. 汽车理赔与索赔流程**

汽车理赔与索赔基本流程如图 6-11 所示。

图 6-11　汽车理赔与索赔基本流程

（1）报案受理　汽车出险后，被保险人应及时通知保险公司，否则造成损失无法确定或扩大的部分，保险公司将不予赔偿。保险人接到报案后，应及时受理，对相关事项做出安排。

（2）现场勘查　是指运用科学的方法和现代技术手段，对保险事故现场进行实地勘察和查询，将事故现场、事故原因等内容完整而准确地记录下来的工作过程。

（3）损失确定　是根据保险合同的规定和现场查勘的实际损失记录，在尊重客观事实的基础上，确定保险责任，然后开展事故定损的过程。

（4）赔款理算　是保险公司按照法律和保险合同的有关规定，根据保险事故的实际情况，核定和计算应向被保险人赔付金额的过程。

（5）核赔　是在保险公司授权范围内独立负责理赔的人员，按照保险条款及公司内部有关规章制度对赔案进行审核的工作。

（6）赔付结案　是指业务人员根据该赔的审批金额，向保险人支付赔款，对理赔案卷进行整理的工作。

**3. 汽车索赔注意事项**

1）汽车出现事故后，未经保险公司认可，被保险人不要擅自修复受损车辆。

2）被保险人不要对第三者自行承诺赔偿金额，也不要在保险公司赔偿前放弃向第三者索赔的权利。

3）索赔时应实事求是，如有隐瞒事实、伪造单证、制造假案等行为发生，被保险人除将有可能遭到保险公司拒赔外，还有可能因此而受到法律制裁。

4）汽车出现事故，有些情况是不予赔偿的，如醉酒驾车、出现地震等自然灾害，索赔前应该仔细了解保险条款。

### 6.5.2　汽车赔偿计算

汽车事故种类繁多，涉及面广，赔偿计算复杂，汽车的各种商业保险，各保险公司条款也有所不同，其计算的基本依据是银保监会 2012 年制定的《关于加强机动车辆商业保险条款费率管理的通知》和 2015 年印发的《中国保险行业协会机动车综合商业保险示范条款(2014 版)》等文件。

对于强制车险(交强险)的赔偿计算比较统一，当有责任时，第三方财产损失最高赔偿2000元,第三方医疗费(包括医疗费、诊疗费、住院费、住院伙食补助费、必要合理的后续治疗费、整容费、营养费等)最高赔偿10000元,第三方死亡伤残费(包括丧葬费、死亡补偿费、办理丧葬事宜的交通费、残疾赔偿金、残疾辅助器具费、护理费、康复费、交通费、被扶养人生活费、住宿费、误工费、通过判决或调解产生的精神损害抚慰金)最高赔偿110000元。当无责任时,第三方财产损失最高赔偿100元,第三方医疗费最高赔偿1000元,第三方死亡伤残最高赔偿11000元。

对于商业保险,其赔偿计算复杂,请在专门课程继续学习。

项目小结

1) 汽车的主要性能指标包括尺寸参数(轴距、轮距、总长、总宽、总高、前悬、后悬等)、质量参数(装载质量、整备质量、总质量、整备质量利用系数和轴荷分配等)和主要性能指标(最高车速、加速时间、爬坡性能、发动机有效功率、百公里油耗量、制动距离、最小转弯半径、最小离地间隙、接近角、离去角、纵向通过角、有害物排放、噪声、起动性能、可靠性和耐久性等)。

2) 汽车选购应根据购车目的、家庭经济条件、个人爱好和环境特征等综合考虑。

3) 新车挑选验收时,应请有经验的汽车修理工、驾驶员等进行新车的全面检查和试车。

4) 汽车保险是以汽车本身及第三者责任等为保险标的的一种不定值财产保险,是保护人身财产安全的重要举措。

5) 我国的汽车保险包括强制车险和商业车险。在道路上行驶的机动车的所有人或管理人都应当投保交强险。商业车险包括基本险和附加险两部分,基本险分为车辆损失险和第三者责任险,基本险可以根据投保人的经济状况和需要选择购买;附加险因保险公司而异,一般不能独立承保。

6) 目前在我国影响较大的3家保险公司是中国人民保险(集团)股份有限公司、中国太平洋保险(集团)股份有限公司、中国平安保险(集团)股份有限公司。

7) 投保人在汽车出现事故后,应按照规定的程序及注意事项及时向保险公司进行索赔,保险公司应及时受理、现场勘查和处理赔付。

8) 汽车消费贷款是贷款人向申请购买汽车的借款人发放的贷款,是一种以刺激汽车消费、扩大汽车销售的一项举措。按贷款来源分有银行贷款、汽车金融公司贷款和汽车经销商消费信贷3种基本形式。

**习题与思考题**

1. 如何从汽车使用说明书中看出汽车的动力、经济等性能如何?
2. 跟随一个购车者,看他是如何选购汽车的。
3. 根据自己将来的购车目的和品牌,选择一种汽车商业保险。
4. 如果购车时经济有困难,应如何去申请贷款?
5. 汽车出险(发生事故),应该如何进行索赔?

# 项目7 汽车驾驶与考证

> **教学目标与要求**
> - 学会汽车主要操纵机构的使用。
> - 掌握我国道路交通安全法规。
> - 理解汽车驾驶考试。
> - 理解汽车驾驶节油技术。
> - 理解汽车道路驾驶应急处理方法。

## 任务7.1 汽车驾驶的基本操作

### 7.1.1 汽车主要操纵机构使用

不同型号汽车的操纵机构及其使用方法有所不同,这里以上海桑塔纳 2000GSi 汽车为例,介绍汽车主要操纵机构的使用方法。

#### 1. 汽车座椅的使用

汽车座椅可以通过相关的拨杆或按钮(图 7-1)进行前后、上下及角度等的调整,使驾驶感到舒适轻松。其一般调整步骤如下:

(1) 座椅的前后调整 调整座椅与踏板的距离,使脚向下踩住制动踏板至最深处时腿部仍要有一定的弯曲,感到自然轻松。

(2) 座椅的上下调整 上下调整座椅,使驾驶人的目光平视时视线能够落在前风窗玻璃的中线上。同时,注意头部离车顶部要

图 7-1 座椅的调整

有一个拳头左右的距离,手握转向盘的高度低于肩部 10cm 左右为宜。

(3) 座椅靠背角度调整 调整靠背倾斜度,注意不可过于倾斜,否则影响汽车操控。

(4) 腰部支撑调整  腰部支撑调整的标准是：让座椅支撑住腰，向后靠时不要让腰部悬空，这样可以减少驾驶过程中的疲劳。有些座椅没有腰部支撑的功能，可以垫个小垫子支在腰后。

(5) 头枕调整  头枕的最佳位置是头枕的中心线恰好与眼眉在一条线上，尽可能地让后脑勺和头枕完全接触。

2. 汽车安全带的使用(图 7-2)

(1) 系上安全带  缓慢拉出安全带舌片，将其通过胸前，然后将其插入座椅侧的锁止机构，直至听到啮合声(啮合后拉动检查)。

(2) 取下安全带  按下锁止机构上的橘黄色按钮，舌片会弹出，用手将舌片送向车门使回位器卷起安全带。挡板会将舌片保持在合适的位置。

3. 驻车制动器的使用(图 7-3)

图 7-2  汽车安全带的使用

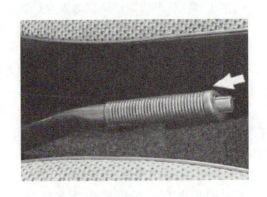

图 7-3  驻车制动器的使用

(1) 制动  将手柄向上拉，必须紧紧地拉到最高位置，以防汽车自动滑移。如果在接通点火开关时使用驻车制动器，制动警告信号灯会发亮。

(2) 松制动  将手柄略朝上拉，按下锁钮并将手柄向下推到底。

4. 离合器踏板的使用

离合器踏板位置如图 7-4 所示，它由左脚控制。要求踩离合器踏板时要踩到底，松离合器踏板时要缓慢，以免汽车起步冲击。对于配置自动变速器的汽车，则没有离合器踏板。

5. 制动踏板的使用(图 7-4)

制动踏板用来制动，由右脚控制。非紧急情况下，不要进行紧急制动，一般采用点制动。

6. 加速踏板的使用(图 7-4)

加速踏板俗称油门，用来控制发动机节气门开度(发动机转速)，由右脚控制(右脚掌轻放于加速踏板 2/3 处)。驾驶人应根据道路、车载及环境情况确定节气门开度的大小。

#### 7. 转向盘的使用

转向盘用于转向，使用时，左手轻握转向盘左上方，右手轻握转向盘右上方，左手和右手大拇指自然伸直靠于转向盘轮缘上部，其余4指应由外向内轻握（图7-5）。

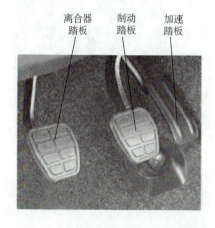

图7-4 汽车离合器、制动及加速踏板

图7-5 汽车转向盘的使用

在平直的道路上使用转向盘时，应避免不必要的晃动；转向盘受路面凸凹的影响时，应紧握转向盘，以免转向盘受车辆的猛烈震动而回转，击伤手指或手腕；若车头向左（右）偏斜时，应向右（左）修正方向，待车头接近回到行驶线时，再逐渐将转向盘回正。此时应牢记打回方向的原则：打多少回多少，少打少回，慢打慢回，大打大回，快打快回。

#### 8. 点火开关的使用

桑塔纳2000GSi汽车的点火开关有3个位置（图7-6）。

当处于位置1时，点火开关断开。拔出点火开关钥匙并转动转向盘直到听见锁紧销的啮合声，即可锁住转向盘。

当处于位置2时，点火开关接通。如点火开关钥匙在匙孔内不易转动或根本不能转动，应将转向盘轻轻地往复转动以放开锁紧销。

当处于位置3时，可以起动发动机。在此位置，前照灯、刮水器、风窗加热装置开关均被接通。

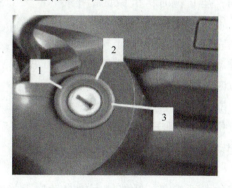

图7-6 桑塔纳2000GSi汽车点火开关
1—点火开关断开 2—点火开关接通
3—起动发动机

在重新起动发动机前,应将点火开关钥匙转到位置1。

9. 变速杆的使用

变速器用于改变传动比,分手动和自动变速器两种类型。

(1) 手动变速器　桑塔纳 2000GSi 汽车手动变速杆如图 7-7 所示,有 5 个前进档和 1 个倒档。

手动变速器换档动作依次为:踩离合器踏板同时松加速踏板→变速杆从原档位经空档拨入另一档位→适当踩加速踏板→松离合器踏板。挂入倒档时,应在车辆静止时,将变速杆按下,再挂入倒档。

汽车行驶时,不应将手始终放在变速杆上,否则手上的压力会传到变速器内换档拨叉上,造成拨叉过早磨损。

图 7-7　桑塔纳 2000GSi 汽车手动变速杆

1—1档　2—2档　3—3档　4—4档　5—5档　R—倒档

(2) 自动变速器　自动变速器一般有 6~7 个档位,从前到后依次排列,分别为:P 位(驻停车档)、R 位(倒档)、N 位(空档)、D 位(前进档),而有的前进档中包括 D、3、2、1 档位(图 7-8),有的车型前进档只有 3 个档位(D、2、1);若装备四档变速器,则另有一个超速选择开关(O/D)接通超速档。

P 位和 N 位都可使发动机和车轮传动系统脱离运转。所不同的是在发动机停止运转的时候,挂 N 位可以随意推动车辆;挂 P 位时,机械锁销把传动轴锁固在变速器壳上,起制动车辆的作用,此时不能随意推动车辆,而且车辆只有在 P 位时才能拔出点火开关钥匙。P 位起动是经常使用的模式,N 位起动用于行驶中熄火后起动。

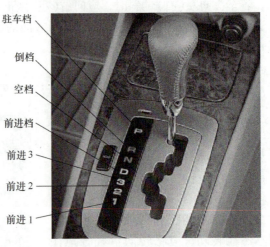

图 7-8　自动变速杆

前进档的设置规律是:高档位向下兼容,低档位不能自动向上换档。即:若选择 D 位,变速器可在 1 档位与 4 档位之间根据车辆的速度与使用条件自动选择合理档位,自动升档、降档;若选择 2 档位,就只能在 1 档位与 2 档位间自动变换,而不能升到 2 档位以上，1档位、2档位有发动机制动功能。

自动档汽车正确的驾驶方法是将变速杆放在 P 位后起动发动机，需要踩下制动踏板，才可由 P 位转入其他档位；起步时要将变速杆推到较低档位（即 2、1 或 3 档位），待车速提高到一定程度后，再转入 D 位进入正常行驶，这时车辆能自动选择理想档位，无需驾驶者操心。

车辆行驶中可以手动从低速档向高速档换档，但从高速档往低速档换档则要在一定速度范围内进行。

若在高速公路上车辆开启自动巡航时，可选用 O/D 位，以节省燃油。

驾驶车辆时还应注意：

1）对于手动变速器汽车，当车辆下长坡时，严禁空档滑行，应换入 2 档或 1 档，借用发动机制动，可避免制动器过热失效，也容易控制车速，避免事故。

2）倒档与前进档的转换一定要在车辆停止状态下进行，绝对不能在车轮转动时挂入倒档。

10. 转向信号灯及变光拨杆的使用

汽车转向信号灯及变光拨杆用于接通左、右转向信号灯，指示汽车转弯方向，或进行汽车前照灯近光/远光变换、发出变换车道信号、停车指示等，给路上行人和车辆提供警示，以有效地避免交通事故的发生。桑塔纳 2000GSi 汽车转向信号灯及变光拨杆如图 7-9 所示。

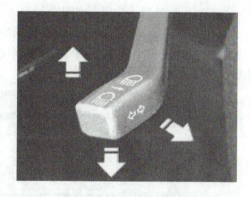

图 7-9 桑塔纳 2000GSi 汽车转向信号灯及变光拨杆

（1）转向信号灯的使用 在点火开关接通后，当拨杆朝上时右转向灯亮，拨杆朝下时左转向灯亮。转向后，转向灯自动熄灭。

（2）前照灯近光、远光变换 拨杆朝右抬起，可以进行前照灯近光、远光变换。拨杆朝右轻轻抬起，前照灯远光闪烁，当作用力解除后拨杆自动回到零位。

（3）变换车道信号 可根据车辆需要变换的车道操作拨杆，其操作方法与转向灯操作相同，但不必到底，当作用力排除后，拨杆自动回位。

（4）停车灯 在点火开关关闭之后，拨杆向上，右停车灯亮；拨杆向下，左停车灯亮。

11. 风窗刮水及洗涤系统的使用

如图 7-10 所示为桑塔纳 2000GSi 汽车风窗刮水及洗涤系统共用拨杆，用于操纵风窗刮水器和洗窗装置。

（1）风窗刮水系统的使用 桑塔纳 2000GSi 汽车设有 0、1、2、3 四个档位，手柄处于 0 档时刮水器停止运动；处于 1 档时，刮水器点动刮水；处于 2 档时，快速刮水；处于 3 档时，间隙刮水（每 6s 工作一次）。冰冻季节起动刮水器开关前，应检查刮水片是否与玻璃冻在一起。

（2）自动洗窗装置的使用 朝上抬起刮水开关拨杆，刮水器及洗窗器即开始工作。复原拨杆，洗窗装置停止而刮水器继续工作约 4s。

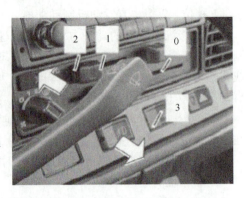

图 7-10 桑塔纳 2000GSi 汽车风窗刮水及洗涤系统共用拨杆
0—刮水器停止 1—刮水器点动
2—快速刮水 3—间隙刮水

12. 暖风、通风及空调的使用

现代汽车都安装有暖风、通风及空调装置，用于清洁空气和调节汽车内部温度。如图 7-11 所示为桑塔纳 2000GSi 汽车暖风、通风及空调控制装置，使用方法如下：

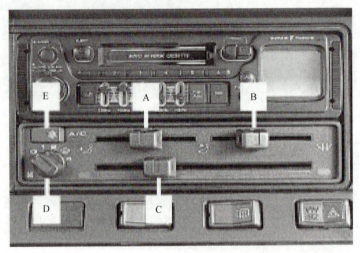

图 7-11 桑塔纳 2000GSi 汽车暖风、通风及空调控制装置
A、B—调节空气分布 C—温度调节 D—鼓风机转速调节旋钮 E—空调（A/C）开关

1）打开开关 E，空调开始工作。

2）旋转开关 D，可以调节鼓风机的转速。

3）左右拨动拨杆 A 和 B，可以开闭各出风口，调节空气在车厢里的分布。

4）左右拨动拨杆 C，可以进行温度调节。向右拨动拨杆 C，温度提高；向左拨动拨杆 C，温度降低。

### 7.1.2 汽车驾驶基本操作

#### 1. 起步

起步动作依次为：踩离合器踏板→挂空档→发动汽车→踩离合器踏板→挂1档→打左转向灯→按喇叭→适当踩加速踏板→缓松离合器踏板→松驻车制动器手柄(俗称手刹)。

#### 2. 换档

换档动作依次为：踩离合器踏板同时松加速踏板→从原档位经空档拨入另一档位→适当踩加速踏板加速→松离合器踏板。

#### 3. 停车

停车动作依次为：踩离合器踏板同时松加速踏板→踩制动踏板→拉驻车制动器手柄→挂空档→松离合器、制动踏板。

## 任务7.2 汽车驾驶考试

### 7.2.1 汽车驾驶考试概述

根据《公安部关于修改<机动车驾驶证申领和使用规定>的决定》(中华人民共和国公安部令〔第139号〕)，驾驶机动车，应当依法取得机动车驾驶证。申请机动车驾驶证，应当符合国务院公安部门规定的驾驶许可条件；经考试合格后，由公安机关交通管理部门发给相应类别的机动车驾驶证。

我国汽车准驾车型及代号见表7-1。

表 7-1 准驾车型及代号

| 准驾车型 | 代号 | 准驾的车辆 | 准予驾驶的其他准驾车型 |
| --- | --- | --- | --- |
| 大型客车 | A1 | 大型载客汽车 | A3、B1、B2、C1、C2、C3、C4、M |
| 牵引车 | A2 | 重型、中型全挂、半挂汽车列车 | B1、B2、C1、C2、C3、C4、M |
| 城市公交车 | A3 | 核载10人以上的城市公共汽车 | C1、C2、C3、C4 |
| 中型客车 | B1 | 中型载客汽车(含核载10人以上、19人以下的城市公共汽车) | C1、C2、C3、C4、M |
| 大型货车 | B2 | 重型、中型载货汽车；重型、中型专项作业车 | |
| 小型汽车 | C1 | 小型、微型载客汽车以及轻型、微型载货汽车；轻型、微型专项作业车 | C2、C3、C4 |

(续)

| 准驾车型 | 代号 | 准驾的车辆 | 准予驾驶的其他准驾车型 |
|---|---|---|---|
| 小型自动档汽车 | C2 | 小型、微型自动档载客汽车以及轻型、微型自动档载货汽车 | |
| 低速载货汽车 | C3 | 低速载货汽车 | C4 |
| 三轮汽车 | C4 | 三轮汽车 | |
| 残疾人专用小型自动档载客汽车 | C5 | 残疾人专用小型、微型自动档载客汽车（只允许上肢、右下肢或者双下肢残疾人驾驶） | |
| 普通三轮摩托车 | D | 发动机排量大于50mL或者最大设计车速大于50km/h的三轮摩托车 | E、F |
| 普通二轮摩托车 | E | 发动机排量大于50mL或者最大设计车速大于50km/h的二轮摩托车 | F |
| 轻便摩托车 | F | 发动机排量小于等于50mL，最大设计车速小于等于50km/h的摩托车 | |
| 轮式自行机械车 | M | 轮式自行机械车 | |
| 无轨电车 | N | 无轨电车 | |
| 有轨电车 | P | 有轨电车 | |

驾驶人考试及发证由公安交警部门负责，考试共分三部分，即：道路交通安全法律、法规和相关知识考试科目（简称"科目一"）、场地驾驶技能考试科目（简称"科目二"）、道路驾驶技能和安全文明驾驶常识考试科目（简称"科目三"）。

驾驶人科目一考试合格后，可以预约科目二或者科目三道路驾驶技能考试。有条件的地方，申请人可以同时预约科目二、科目三道路驾驶技能考试，预约成功后可以连续进行考试。科目二、科目三道路驾驶技能考试均合格后，申请人可以当日参加科目三安全文明驾驶常识考试。申请人可以通过互联网、电话、服务窗口等方式预约考试。

(1) 科目一考试　内容包括：道路通行、交通信号、交通安全违法行为和交通事故处理、机动车驾驶证申领和使用、机动车登记等规定以及其他道路交通安全法律、法规和规章。

(2) 科目二考试　内容包括：

1) 大型客车、牵引车、城市公交车、中型客车、大型货车考试项目为：桩考、坡道定点停车和起步、侧方停车、通过单边桥、曲线行驶、直角转弯、通过限宽门、通过连续障碍、起伏路行驶、窄路掉头，以及模拟高速公路、连续急弯山区路、隧道、雨（雾）天、湿滑路、紧急情况处置。对大型客车、牵引车，省级公安机关交通管理部门可以根据实际增加考试内容。

2）小型汽车、小型自动档汽车、残疾人专用小型自动档载客汽车和低速载货汽车考试项目为：倒车入库、坡道定点停车和起步、侧方停车、曲线行驶、直角转弯。

3）三轮汽车、普通三轮摩托车、普通二轮摩托车和轻便摩托车考试项目为：桩考、坡道定点停车和起步、通过单边桥。

4）轮式自行机械车、无轨电车、有轨电车的考试内容由省级公安机关交通管理部门确定。

(3) **科目三道路考试** 内容包括：驾驶技能考试和安全文明驾驶常识考试。

1）道路驾驶技能考试内容包括：大型客车、牵引车、城市公交车、中型客车、大型货车、小型汽车、小型自动档汽车、低速载货汽车和残疾人专用小型自动档载客汽车的上车准备、起步、直线行驶、加减档位操作、变更车道、靠边停车、直行通过路口、路口左转弯、路口右转弯、通过人行横道线、通过学校区域、通过公共汽车站、会车、超车、掉头、夜间行驶；其他准驾车型的考试内容，由省级公安机关交通管理部门确定。

大型客车、中型客车考试里程不少于20km，其中白天考试里程不少于10km，夜间考试里程不少于5km。

牵引车、城市公交车、大型货车考试里程不少于10km，其中白天考试里程不少于5km，夜间考试里程不少于3km。

小型汽车、小型自动档汽车、低速载货汽车、残疾人专用小型自动档载客汽车考试里程不少于3km，在白天考试时，应当进行模拟夜间灯光使用考试。

对大型客车、牵引车、城市公交车、中型客车、大型货车，省级公安机关交通管理部门应当根据实际，增加山区、隧道、陡坡等复杂道路驾驶考试内容。对其他汽车准驾车型，省级公安机关交通管理部门可以根据实际增加考试内容。

2）安全文明驾驶常识考试内容包括：安全文明驾驶操作要求、恶劣气象和复杂道路条件下的安全驾驶知识、爆胎等紧急情况下的临危处置方法以及发生交通事故后的处置知识等。

(4) **各科目考试的合格标准为**

1）科目一考试满分为100分，成绩达到90分的为合格。

2）科目二考试满分为100分，考试大型客车、牵引车、城市公交车、中型客车、大型货车准驾车型的，成绩达到90分的为合格，其他准驾车型的成绩达到80分的为合格。

3）科目三考试满分为100分，成绩分别达到90分的为合格。

### 7.2.2 小型汽车驾驶人科目二考试简介

根据公安部规定：小型汽车、小型自动档汽车、残疾人专用小型自动档载客汽车和低速载货汽车考试项目共5项，分别为：倒车入库、坡道定点停车和起步、侧方停车、曲线行驶、直角转弯。

科目二应当按照报考的准驾车型,选定对应考试场地和考试车辆,在考试员的现场监督下,由考生按照规定的考试线路、操作要求和考试员的考试指令独立完成驾驶。

**1. 倒车入库**

倒车入库的目的是考核驾驶人操控车辆完成倒车入库和正确判断车身空间位置的能力。

(1) 道路设计(图 7-12) 库宽:车身宽(不含后视镜)加 60cm;库位长:车身长加 70cm;车道宽:车身长的 1.5 倍;车库距控制线:车身长的 1.5 倍。

(2) 通过要求 从道路一端控制线(车身压控制线)倒入车库停车,再前进出库向另一端驶过控制线后再次倒入车库停车,最后前进驶出车库。考试过程中,车辆进退途中不得停车、不得压边线。

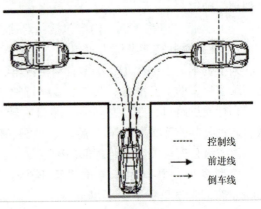

图 7-12 汽车倒车入库

**2. 坡道定点停车与起步**

坡道定点停车与起步的目的是考核驾驶人上坡路段驾驭车辆的能力,以及正确地在固定地点靠边停稳车辆并准确使用变速器档位和离合器的能力,以适应在上坡路段等候放行时的操作需要。

(1) 道路设计(图 7-13) 定点停车桩杆距坡底距离>1.5 倍车长,全坡长>30m。

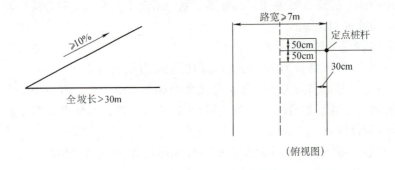

图 7-13 汽车坡道定点停车与坡道起步道路设计

(2) 通过要求 驾驶人员通过视觉和感觉及时判断坡道陡度、长短及路宽等道路情况，采取恰当的操作方法，控制车辆平稳停车和起步。驾驶人应做到转向正确，换档迅速，操控转向盘、制动踏板、离合器踏板三者时准确协调。

3. 曲线行驶

曲线行驶的目的是考核驾驶人转向盘的运用与控制车轮运行轨迹的能力。

（1）道路设计（图7-14） 路宽：小型车辆为3.5m；半径：小型车辆为7.5m；弧长：3/8个圆周。

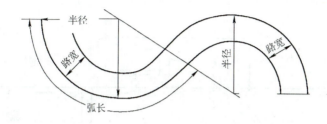

图7-14　汽车曲线行驶道路设计

（2）通过要求　车辆从弯道的一端前进驶入，应减速换档，以低档低速从另一端驶出。行驶中车轮不得压道路边缘线，转向盘应运用自如。

4. 直角拐弯

直角拐弯的目的是考核驾驶人在急弯路段迅速运用转向盘并对车辆内、外轮差距进行正确判断的能力。

（1）道路设计（图7-15） 路长≥1.5倍车长；路宽：小型车辆为1个轴距加100cm。

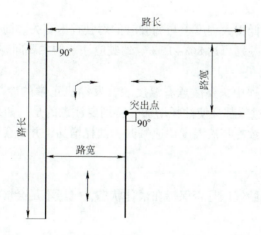

图7-15　汽车直角拐弯道路设计

（2）通过要求　应用低速按规定的线路行驶，一次不停车完成，车辆可以由左向右或由右向左直角转弯通过。

#### 5. 侧方位停车

侧方位停车的目的是考核驾驶人员是否掌握将整车正确停于道路右侧车位(库)中的技能,以适应日常驾驶中临时停车的需要。

(1) 道路设计(图7-16) 车位(库)长:小型车辆为1.5倍车长加1m;车位(库)宽为车宽加80cm;车道宽为1.5倍车宽加80cm。

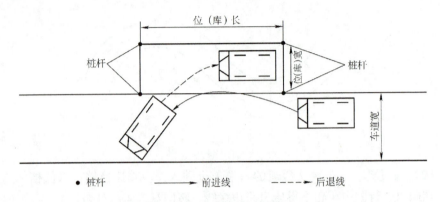

图7-16 汽车侧方位停车道路设计

(2) 通过要求 驾驶人员应驾驶车辆在不碰、擦桩杆,车轮不压碰车道边线、车位边线的情况下,通过一次倒车的方式将整车移入右侧车位中。

## 任务7.3 汽车驾驶节油操作

汽车油耗的高低很大程度上与驾驶者的驾驶技术有关。同一辆车由不同驾驶人驾驶,耗油量的差别可达8%~15%。驾驶应注意的主要问题有以下几个方面。

#### 1. 适宜的发动机冷却液温度

在汽车行驶过程中,要注意看温度表,发动机正常的冷却液温度应保持在80~90℃,过高或过低都会使油耗增加。特别要注意的是,如果散热器中冷却液不足时,很容易导致冷却液温度快速攀升,油耗增加,并且会很容易导致机件磨损加剧和损坏。

#### 2. 合适的轮胎气压

应时常检查轮胎气压是否保持在最佳状态,气压不足会增加耗油量,还会增加轮胎磨损。

#### 3. 暖车起步

汽车冷起动时,应使发动机原地怠速运行一段时间,俗称暖车。暖车后再使汽车起步,可达到有效节油和延长汽车寿命的目的。

#### 4. 经济车速运行

汽车说明书一般说明了最省油的速度区间，行驶时，在遵守高速限速的前提下，应利用发动机节气门开度和汽车档位的配合，使汽车尽量在经济车速下行驶。

## 任务7.4 汽车道路驾驶应急处理

汽车驾驶过程中，可能会发生一些意想不到的事件，驾驶人应掌握先避人后避物的处理原则和一些应急处理措施。

### 7.4.1 高速爆胎应急处理

1）马上把危险警告闪光灯打开，让后车知道出现紧急情况。
2）不要急踩制动踏板，应采用逐级退档减速并配合点踩制动踏板，点踩时一定要轻，车速降到60km/h后，可适当增加制动力度，靠路边停车。
3）在做退档减速的同时，一定要把住转向盘，爆胎后，车会出现方向跑偏、甩尾的情况，这时一定不能猛打转向盘，因为车速很快时，高速猛打转向盘会造成车辆失控。

### 7.4.2 制动失灵应急处理

1）当路况风险较小时，可逐级迅速从高档换入低档，用发动机内部阻力拖慢车速到30km/h以下时采用驻车制动。
2）当下坡而路况不好时，应尽量跳档换入低档后配合驻车制动。
3）高速时不要采用驻车制动，尽可能不采用靠蹭路边障碍物的方法使车辆停止，除非不得已。

### 7.4.3 车辆着火应急措施

1）立即停车，打开危险警告闪光灯。
2）尽快取下车载灭火器灭火，若无灭火器可用湿棉被、衣服、毛巾灭火。
3）若无法灭火应立即拨打119和122报警。
4）竖立警告标志，疏散过往车辆和行人，避免发生意外爆炸时危及他人。

### 7.4.4 交通事故应急处理

1）马上停车保持现场，并打开危险警告闪光灯、竖立警告标志。
2）有人受伤较重时应立即拨打120急救，并尽可能就地施救。
3）拨打122电话报警并通知保险公司前来处理。
4）疏散过往车辆和行人，避免造成交通堵塞。

### 7.4.5 转向突然不灵、失控的应急处理

1）装有转向助力装置的车辆出现转向不灵或转向困难时，应尽快减速，选择安全地点停车，查明原因；若出现转向突然不灵，但还可实现转向，应挂低速

档将汽车开到附近修理厂修好再行驶。

2）发现车辆转向失控时，应采取平衡制动的方法控制车辆，切不可对转向失控的高速行驶的车辆使用紧急制动，这样很容易造成翻车。

### 7.4.6　车辆侧滑的应急处理

1）紧急制动导致车辆发生侧滑时，应立即放松制动踏板，同时向侧滑的方向转动转向盘，并及时回转进行调整，修正方向后再继续行驶。

2）车辆在泥泞路上发生侧滑时，应向侧滑的一侧转动转向盘适量修正；紧急制动或猛转转向盘易导致失控，甚至造成翻车、坠车或碰撞事故。

3）若车辆因转向或擦撞引起侧滑，应先控制车辆前进方向后制动。

### 7.4.7　发动机突然熄火的应急处理

汽车行驶中发动机突然熄火时，若不能再次起动，应打开右转向灯，将车缓慢滑行到路边停车检查熄火原因。

### 7.4.8　车辆落水的应急处理

驾驶车辆不慎意外落水，车门受到水的压力难以打开时，应迅速开启车窗（天窗）或用粗重的物体敲碎车窗玻璃（必要时可用脚踹），快速逃生。不要采用关闭车窗阻挡车内进水或打急救电话告知救援人员等错误方法，不要过于惊惶，意外落水通常会有 3~5min 的时间逃生。

### 7.4.9　高速公路应急处理

1）车辆在高速公路行驶时，除遇异常情况外，不准停车，上、下人员或者装卸货物。当汽车发生故障必须停车检查时，应逐渐向右变更车道，在紧急停车带停车，并打开危险警告闪光灯、竖立警告标志。

2）车辆在高速公路上行驶，发现突然有人或动物横穿时，应果断采取损失小的避让措施。紧急避险措施不应超过必要的限度，因避险不当造成损害时，紧急避险人要承担民事责任。

3）车辆在高速公路上急转向极易造成侧滑碰撞或在离心力作用下翻倾的事故，因此，在高速公路上发生紧急情况时应首先采取制动减速。车辆在高速公路意外撞击护栏时，应稳住方向，适当修正，切忌猛转转向盘。

4）雨天在高速公路上行车时，为避免发生"水滑"现象而造成方向失控，应保持较低的车速。发生"水滑"现象时，应握稳转向盘，逐渐降低车速。不得迅速转向或急踩制动踏板减速。

5）雾天行车应打开防雾灯和车尾雾天信号灯。大雾天在高速公路遇事故不能继续行驶时，须打开危险警告闪光灯和尾灯，按规定设置警告标志，驾乘人员尽快从右侧离开车辆并尽量站到防护栏以外，不得在高速公路上行走。

6）车辆在高速公路上行至隧道出口或凿开的山谷出口处时，可能遇到横风。当驾驶人感到车辆行驶方向不稳时，应双手稳握转向盘，进行微量修正，适当减速。

## 项目小结

1) 驾驶汽车必须熟练掌握各种操纵机构的使用。

2) 驾驶汽车应当按公安部门的规定，符合驾驶许可条件，并经培训、考试合格后，依法取得驾驶证。

3) 驾驶人考试共分三部分，依次为道路交通安全法律、法规和相关知识考试科目("科目一")、场地驾驶技能考试科目("科目二")、道路驾驶技能和安全文明驾驶常识考试科目("科目三")。

4) 汽车驾驶节油技术应注意轮胎气压、暖车起步、适宜的发动机冷却液温度、经济车速运行等事项。

5) 驾驶汽车要特别注意雾天、雨天、冰雪天及山区等特殊环境的行车安全。应善于应急处理爆胎、制动失灵、车辆侧滑、车辆落水、车辆着火、交通事故等情况。

## 习题与思考题

1. 在汽车上练习各种操纵机构的使用。
2. 我国对考取驾驶证有哪些规定和要求？
3. 看一看别人汽车驾驶考试，了解一下他们有什么技巧？
4. 调研一下熟悉的驾驶员，汽车驾驶节油技术除本书提出的外，还有哪些？
5. 调研一下熟悉的驾驶员，在特殊环境下如何注意行车安全？
6. 调研一下熟悉的驾驶员，在行车中曾经遇到什么紧急情况，如何处理？

# 项目8 汽车维护

> **教学目标与要求**
> - 掌握汽车油料(汽油、柴油、发动机润滑油、齿轮油、润滑脂和制动液)的牌号与选用。
> - 理解汽车磨合的意义、原则与方法。
> - 学会汽车的日常维护。
> - 了解汽车的一级维护和二级维护基本内容。

汽车维护对保证汽车性能的充分发挥、减少故障、延长使用寿命都具有极其重要的意义,它主要包括正确选用汽车油料、新车磨合、日常维护和定期维护等内容。

## 任务 8.1 汽车油料的选用

### 8.1.1 汽油

**1. 汽油的主要应用性能指标**

(1) **汽油的抗爆性** 它是指汽油在发动机气缸内燃烧时抵抗爆燃的能力,用辛烷值评定。汽油的辛烷值越高,其抗爆性就越好,汽油的牌号就是以辛烷值划分的。

(2) **汽油的蒸发性** 汽油汽化的难易程度称为汽油的蒸发性,以馏程作为评价汽油蒸发性的指标。

除此之外,汽油还有胶质含量、硫含量、腐蚀性、酸碱度、水分和机械杂质等指标要求。

**2. 国产汽油的牌号**

我国汽油按研究法(GB/T 5487—2015)测定的辛烷值高低分为89号92号、95号(表8-1)。

**3. 国产汽油的选用**

选择汽油牌号应按车辆使用说明书要求,也可参照发动机压缩比(表8-1)。

压缩比越大，汽油在发动机气缸内燃烧产生爆燃的可能性越大，所以压缩比高的汽油机应采用辛烷值高的汽油。高档汽车发动机压缩比较高，应按使用说明书要求选用较高牌号的汽油，否则容易产生爆燃而无法正常工作。

表 8-1　我国汽油牌号与选用

| 汽油牌号 | 89 | 92 | 95 |
|---|---|---|---|
| 适用汽车压缩比 | 低于 9.5 | 9.5 | 大于 9.5 |

有三元催化转化器的汽车不能用含铅汽油，否则会产生催化器内的重金属（铂、钯、铑等）铅中毒而失效。

由于汽油容易挥发，遇到明火极易燃烧，使用时应特别注意防火。严禁在加油站等汽油集聚的场所抽烟、点火。

### 8.1.2　柴油

1. 柴油的主要应用性能指标

（1）十六烷（$C_{16}H_{34}$）值　它是评价柴油着火难易的一个重要指标。十六烷值小，着火变难，着火延迟期变长，柴油机工作粗暴。汽车柴油机要求十六烷值不小于 45。

（2）凝点　是指柴油失去流动性开始凝固时的温度。汽车轻柴油的牌号就是按凝点分为各种牌号。

（3）馏程　表征柴油蒸发性能的一个指标。以某一馏出容积百分数下的温度表示。50% 馏程表征了柴油的平均蒸发性能，该温度越低，说明柴油蒸发性越好。

（4）黏度　表征柴油稀稠的一项指标。黏度过大，柴油喷雾困难，雾化质量变差，影响燃烧过程；而黏度过小，喷油泵及喷油器中的精密偶件润滑不良，容易磨损。

（5）机械杂质和水分　机械杂质会引起喷油器的喷孔堵塞，加剧喷油泵、喷油器精密偶件磨损；而水分会使燃烧恶化，都应严格控制。尤其是柴油的输运和添加等环节，注意防止外界灰尘、杂质及水分混入，应进行沉淀和严格过滤。除此之外，汽车对柴油的化学安定性、防腐性等也都有要求。

2. 国产柴油的牌号与选用

柴油汽车使用的柴油为轻柴油，我国按其质量分为优等品、一等品和合格品 3 个等级，每个等级又按柴油的凝点分为 5、0、-10、-20、-35 和 -50 共 6 个牌号（表 8-2）。

选用柴油时，应该根据当时当地的气温确定，要求柴油的凝点应该低于当地最低气温（表 8-2）。如当地最低气温 5℃，应该至少选用 0 号柴油。

表 8-2 我国柴油牌号与选用

| 等 级 | 牌 号 | 气温大于/℃ |
|---|---|---|
| 优等品 | 5 号 | 8 |
| | 0 号 | 4 |
| | -10 号 | -5 |
| | -20 号 | -14 |
| | -35 号 | -29 |
| | -50 号 | -44 |
| 一等品 | 5 号 | 8 |
| | 0 号 | 4 |
| | -10 号 | -5 |
| | -20 号 | -14 |
| | -35 号 | -29 |
| | -50 号 | -44 |
| 合格品 | 5 号 | 8 |
| | 0 号 | 4 |
| | -10 号 | -5 |
| | -20 号 | -14 |
| | -35 号 | -29 |
| | -50 号 | -44 |

### 8.1.3 发动机润滑油

发动机润滑油(机油)是发动机的"血液",在发动机各摩擦表面中担负着润滑、清洁、冷却、防锈等重要作用。正确选用内燃机润滑油能保证汽车正常可靠行驶,减少零件磨损、节省燃油消耗、延长发动机使用寿命。

**1. 润滑油的主要应用性能指标**

(1) 黏度 是指润滑油受外力作用移动时,分子间产生的内摩擦力大小。它是润滑油分级和选用的主要依据。黏度过小,在高温、高压下容易从摩擦表面流失,不能形成足够厚度的油膜;黏度过大,冷起动阻力增加,起动困难,润滑油不能及时被泵送到摩擦表面,导致起动磨损严重。

(2) 黏温性 是指润滑油黏度随温度变化而变化的特性。发动机从起动到满负荷工作的温度变化范围大,若润滑油的黏度随温度变化太大,就会使高温时黏度太低,而低温时黏度太高,影响正常润滑。

(3) 氧化安定性 是指润滑油抵抗氧化作用不使其性质发生永久变化的能力。润滑油工作温度高达95℃,产生氧化后,颜色变暗,黏度增加,酸性增大,并产生胶状沉积物。氧化变质的润滑油将腐蚀发动机零件,甚至影响发动机的正常工作。

(4) 其他性能 如极压性、防腐性、起泡性、清净分散性等,它们对发动机的润滑都会产生一定的影响,需要加入各种添加剂,保证润滑油的性能。

## 2. 润滑油的分类

我国润滑油分4类,若干等级(表8-3)。每一种等级又有若干种单一黏度等级和多黏度等级的润滑油牌号。单一黏度等级的润滑油黏温性较差,只适应某一温度范围使用。多黏度等级的润滑油黏温性好,适应温度范围宽。

表8-3 我国发动机润滑油分类

| 种 类 | 等 级 |
| --- | --- |
| 汽油机润滑油 | SE、SF、SG、SH、GF-1、SJ、GF-2、SL、GF-3 |
| 柴油机润滑油 | CC、CD、CF、CF-4、CH-4、CI-4 |
| 通用润滑油 | 如 SJ/CF-4 |
| 农用柴油机滑润油 | 用于农用柴油机及其汽车 |

## 3. 润滑油的选用

发动机润滑油的选用应根据车辆说明书所规定的要求进行选择和换油。

## 4. 润滑油使用注意事项

1）每天出车前应检查润滑油油面高度,不可过高或过低。

2）注意检查润滑油颜色、气味、黏度的变化,如已变质,应及时更换。

3）换油时应采用热机放油方法,即先运行车辆,然后趁热放出润滑油,以便使发动机内的油泥、污物等尽可能地随润滑油一起排出。

4）定期检查清洗机油滤清器,清理油底壳中的杂物。

5）避免不同牌号的发动机润滑油混用,以免相互起化学反应。

6）选购时,应尽可能地购买有影响、有知名度的正规厂家的发动机润滑油,要特别注意辨别真假,确保发动机润滑油的质量。图8-1、图8-2所示为使用不良润滑油导致的严重后果。

图8-1 火花塞结胶积炭

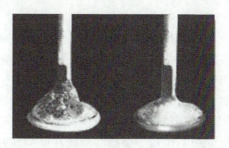

图8-2 气门积炭严重

### 8.1.4 汽车齿轮油

汽车齿轮油用于汽车转向器、变速器、驱动桥等齿轮传动机构中。

1. 齿轮油的主要应用性能指标

(1) 抗磨性(也称油性)　是指齿轮油在运动件间抵抗摩擦保持油膜的能力。

(2) 极压性　指齿轮油抗摩擦、磨损、烧结和耐冲击负荷的性能。

(3) 热氧化安定性　齿轮油抵抗热和氧化作用的能力。

(4) 抗泡性　指迅速消除齿轮油泡沫的能力，因为齿轮转动时会产生泡沫，影响油膜生成，加速齿轮磨损，必须迅速予以消除。

2. 齿轮油分类及选用

我国齿轮油分普通车用齿轮油、中负荷车用齿轮油和重负荷车用齿轮油三类，每类又有若干牌号(表8-4)，其选用按各种汽车使用说明书要求进行。如无使用说明书，也可以参照表8-4选用。

表8-4 齿轮油分类、牌号及选用

| 牌号 | 分类 | 适 用 范 围 | 备　　注 |
| --- | --- | --- | --- |
| 80w/90<br>85w/90<br>90 | 普通车用齿轮油 | 适用于中等速度和负荷比较苛刻的齿轮的变速器和弧齿锥齿轮驱动桥 | 80w/90 等齿轮油为多黏度等级齿轮油，带"w"为冬季低温用油，无"w"为夏季用油<br>冬季气温不低于-10℃地区，可全年选用 90 号齿轮油；气温不低于-12℃地区还可全年使用 85w/90 号齿轮油；气温不低于-26℃地区可全年选用 80w/90油；冬季气温低于-26℃以下的严寒地区冬季应选用 75w 齿轮油 |
| 75w<br>80w/90<br>85w/90<br>90<br>85w/140 | 中负荷车用齿轮油 | 适用于低速高转矩和高速低转矩的各种齿轮变速器、弧齿锥齿轮，使用条件不太苛刻的准双曲面齿轮驱动桥 | |
| 75w<br>80w/90<br>85w/90<br>90<br>85w/140 | 重负荷车用齿轮油 | 适用高速冲击载荷、高速低转矩和低速高转矩的各种齿轮，工作条件苛刻的准双曲面齿轮传动 | |

### 8.1.5　汽车润滑脂

汽车润滑脂(俗称黄油)是介于液体与固体之间的半流动的塑性物质，它是在润滑油中加入稠化剂制成的，主要应用于水泵轴承、发电机轴承、轮毂轴承、万向节轴承、主销轴瓦等敞开或密封不良及受压较大的摩擦部位，具有润滑、保护、密封等作用。

1. 润滑脂的主要性能指标

(1) 稠度　是指润滑脂在受力作用时抵抗变形的程度，一般用锥入度指标衡量，锥入度越小，润滑脂越硬，越不易进入和充满摩擦面，同时润滑脂的内摩擦阻力大，因而不能适用于高速运转部件的润滑要求。但为了保证有足够的黏附能力，对高速运转的部件也不宜用太软的润滑脂，稠度应适中。冬季应选用锥入度大一些的润滑脂，而夏季可选用锥入度小一些的润滑脂。

（2）**低温性能** 是指润滑脂在低温条件下仍能保持良好润滑的性能，它取决于润滑脂低温条件下的相似黏度和低温转矩。

（3）**高温性能** 是指润滑脂在高温条件下仍能保持良好润滑的性能。温度对于润滑脂的流动性具有很大影响，温度升高，润滑脂变软易于流失。而且在较高温度下，润滑脂蒸发损失增大，氧化变质与凝缩分油现象严重，引起润滑脂失效。润滑脂的高温性能可用滴点、蒸发量和轴承漏失量等指标进行评定。

除此之外，润滑脂还有抗水性、防腐性、极压与抗磨性、机械安定性、胶体安定性、氧化安定性、外观质量等性能指标。

### 2. 润滑脂的分类代号

润滑脂是按应用时的操作条件（温度、水污染和负荷等）进行分类的。每一种润滑脂用一组（5个）大写英文字母组成的代号来表示。

例如，L-XBEGB-00 表示极压型润滑脂，稠度等级为 00。其使用条件为：最低操作温度 $-20\ ℃$，最高操作温度 $160\ ℃$，可以经受水洗，不要求防锈。

### 3. 润滑脂的选用

润滑脂的选用按各种汽车使用说明书要求进行。目前普遍推荐使用的是通用锂基润滑脂，它具有良好的高低温适应性，可在 $-30\sim120\ ℃$ 的温度范围内使用，具有良好的抗水性、防锈性、安定性和润滑性，在高速运转的水泵及发电机轴承使用时，不变质，不流失，能够保证润滑。

## 8.1.6 汽车自动变速器油（ATF）

### 1. 自动变速器油作用

自动变速器油被用于液力耦合器、液力变矩器或行星齿轮变速器，其作为液力传动介质传递能量和转矩，并进行润滑和散热，直接影响到液力传动系统的功率和效率。

### 2. 自动变速器油主要性能指标

自动变速器油主要性能指标有黏温性、抗泡性、氧化安定性、抗磨性等，其含义与其他润滑剂相似，不再赘述。

### 3. 自动变速器油牌号及选用

我国自动变速器油按 100℃ 时的运动黏度分为 6 号、8 号两个牌号，6 号油主要用于内燃机车、载重汽车及工程机械，8 号油主要用于轿车。进口轿车最好采用其要求的牌号，如果无进口油，也可用 8 号油替代。不同国家的变速器油不可混用。

### 4. 使用注意事项

应注意避免自动变速器长时间重载低速行驶，以免油温上升，加速油的氧化变质，形成沉积物和积炭，阻塞细小的通孔和油液循环管路，导致自动变速器过热损坏。

应注意经常检查油位，方法是使车辆停放在水平地面上，让发动机怠速运转，控制油温在正常范围内（80~85℃），此时油位应在自动变速器油标尺上的热态油位。油位过高或过低，都将使自动变速器出故障。

注意按照车辆使用说明书的规定更换自动变速器油和滤清器（或清洗滤网），同时拆洗自动变速器油底壳。换油时应将油底壳和油路（特别是变矩器）清洗干净，按需要量加入新油。

不同牌号、不同品种的自动变速器油不能混用，同牌号不同厂家生产的也不宜混用。

### 8.1.7　汽车制动液

#### 1. 制动液的作用及性能

制动液用于液压式制动系统中传递制动压力。

制动液应具备高沸点、低蒸发性的特性，以防产生气阻影响制动；优良的低温流动性，以利于正常使用；良好的金属适应性和橡胶配伍性，以使制动管路中的金属、橡胶密封圈不易被腐蚀、老化；还要有良好的润滑性，适宜的黏度和稳定性等。

#### 2. 制动液分类与选用

根据 GB 12981—2012 的规定，我国制动液分 HZY3、HZY4、HZY5、HZY6 四个质量等级。平衡回流沸点越高，高温抗气阻性能越好的制动液，行车制动安全性越好。

制动液选用应按车辆使用说明书的要求进行。车速高或负荷大、经常跑山区的汽车一般应选用高质量等级的制动液。

#### 3. 制动液使用注意事项

1）定期更换制动液。由于制动液使用一定时间后会因吸湿、化学变化等原因使性能指标下降，从而影响制动的灵敏性，因此使用中的制动液应定期更换。汽车制动液的更换以汽车行驶里程或使用时间确定。如捷达轿车换油周期为 24 个月或行驶 3 万 km。

2）不同规格的制动液不能混用。

3）防止水分或矿物油混入。

4）制动缸皮碗不可敞开放置。

5）汽车制动液多以有机溶剂制成，易挥发、易燃。因此，管理和使用中要注意防火。

## 任务8.2　汽车的磨合

### 8.2.1　汽车磨合及意义

汽车磨合是指新购的汽车或大修后的汽车在投入满负荷工作前，按一定的规程所进行的适应性运转。

　　汽车磨合对减轻汽车磨损、延长汽车寿命，提高汽车功率、降低汽车油耗、减少汽车排污以及保证行车安全意义极大。新出厂或大修的汽车，虽然主要配合件都是新的，运动件表面也很光滑（如缸套与活塞、曲轴与轴瓦），但从显微镜上看，却是凸凹不平的。研究发现，它们摩擦接触面积总和仅为全部面积的0.1%~1%，如果汽车一开始就大负荷工作或高速行车，势必使这些接触面承受压力过大，造成拉伤甚至熔化，出现拉缸、抱轴等严重事故，汽车寿命极大地缩短。

　　鉴于上述原因，新车一定要经过磨合，使各摩擦表面全面接触。实际在汽车出厂前，发动机和底盘传动系统等都经过一定时间的磨合，限于时间和条件，工厂不便进行长时间的使用磨合，用户购车后必须继续进行使用磨合。

### 8.2.2　汽车磨合的方法

　　总的磨合原则是发动机转速及车速由低到高，负荷由小到大，变速器各档位应进行适当里程磨合，及时更换润滑油，注意发现和排除异常现象。磨合里程随车型不同有所不同，应按使用说明书要求进行，如轿车一般在1000~1500km。汽车磨合期使用应该注意以下问题。

#### 1. 正确驾驶操作

　　发动机在起动后，应怠速原地升温，待冷却液温度达到起步要求后再行起步。起步时要做到平稳、无冲击。加速时，要缓踩加速踏板，不可急加速。减速时，不可越级减档，以减少对传动装置的冲击。在行驶中尽量避免紧急制动，如上海通用别克汽车规定，在第一个350km内，不要紧急制动。新车不宜用来做"教练车"。

#### 2. 减轻负荷

　　新车应适当地减轻负荷，使汽车在磨合期内的磨损减少，延长汽车使用寿命。在新车开始使用的1000km内，不能超过汽车额定载重量的80%。当行驶阻力增大时，应及时换入低速档，不能勉强用高速档行驶，以免发动机负荷过大。

#### 3. 限制车速

　　车辆行驶速度增高时，行驶阻力增大，机件运转速度加快，温度升高，润滑油膜被破坏，致使机件磨损增加。因此，在车辆磨合期间，应严格控制车速，防止发动机转速过高。一般车辆各档行驶速度对应发动机转速不得超过发动机最高转速的80%。如上海通用别克汽车在新车开始使用的1000km内，车速不得超过120km/h，不允许把加速踏板踩到底，不要使发动机转速急剧增加。新车不能用来跑长途。

#### 4. 选择道路

　　车辆在磨合期间，应尽量选择平坦良好的道路行驶，避免在崎岖、陡坡和泥泞道路等不良的道路上行驶，以减少行驶阻力，从而减轻发动机的负荷。

5. 注意及时发现和排除故障

行驶中应注意聆听发动机的声音,观察各仪表的工作状态,如有异常,应停车检查。注意紧固松动的螺钉,及时排除故障。

6. 更换润滑油

新车在磨合期内,各摩擦副之间配合粗糙,磨损较大,润滑油中金属屑粒较多,因此在新车磨合期内(1000km左右),应及时更换发动机润滑油、自动变速器油和齿轮油,更换滤清器。

## 任务8.3 汽车的维护

汽车在使用中,必然造成零件磨损、参数变化或螺钉松动等问题,如果不及时维护,可能造成不必要的经济损失和安全事故。定期维护,可以使汽车的维修费用降到最低,汽车维护与修理"三分修、七分养",说明了汽车平时维护的重要性。

汽车维护的时间与内容,随不同车型而不同,应按照使用说明书进行定期维护。依据国家标准,我国汽车维护分日常维护、一级维护、二级维护三个等级。

### 8.3.1 汽车日常维护

1. 日常维护时间

汽车日常维护在每天出车前、行车中和收车后进行。

2. 日常维护内容

日常维护以清洁、补给和安全检视为作业中心内容,由驾驶人负责执行。

日常维护的具体内容有:

1)对汽车外观、发动机外表进行清洁,保持车容整洁。

2)对汽车润滑油(图8-3)、汽车各部润滑油(脂)、燃油、冷却液(图8-4)、制动液(图8-5)、各种工作介质进行检查补给。

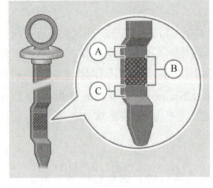

图8-3 润滑油检查

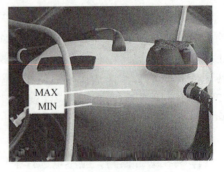

图8-4 冷却液检查

3)清除轮胎外表杂物(图8-6),检查轮胎气压(图8-7)。

图8-5 制动液检查

图8-6 清除轮胎外表杂物

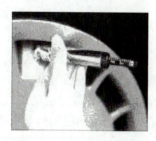

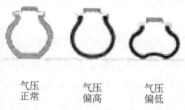

图8-7 轮胎气压检查

4)对汽车制动、转向、传动、悬架、灯光、信号等安全部位和位置以及发动机运转状态进行检视、校紧,确保行车安全。

### 8.3.2 汽车一级维护

**1. 一级维护的时间**

汽车一级维护时间应以汽车行驶里程为基本依据,可按使用说明书要求进行,如轿车一般在行驶5000~7500km后进行。同时,还应该根据汽车使用条件的不同有所区别,如汽车经常在较差路面行驶或经常大负荷工作,则应提前进行维护。

**2. 一级维护的内容**

汽车一级维护除日常维护作业外,以清洁、润滑、紧固为作业中心内容,并检查有关制动、操纵等安全部件,由维修企业负责执行。

汽车一级维护具体内容有:

1)点火系统检查、调整:要求点火系统工作正常。

2)滤清器的清洁或更换:包括发动机空气滤清器、空气压缩机空气滤清器、曲轴箱通风系统空气滤清器、机油滤清器和燃油滤清器的清洁或更换,要求各滤芯应清洁无破损,上下衬垫无残缺,密封良好;滤清器应清洁,安装牢固。

3）油面、液面检查：包括曲轴箱油面、冷却液液面、制动液液面高度检查，应符合规定要求。

4）曲轴箱通风装置、三元催化转化装置外观检查：要求各装置齐全、无损坏。

5）散热器、油底壳、发动机前后支垫、水泵、空气压缩机、进排气歧管、燃油喷射系统各部件联接螺栓的检查校紧：要求各连接部位螺栓、螺母应紧固，锁销、垫圈及胶垫应完好有效。

6）空气压缩机、发电机、空调传动带检查：检查传动带磨损、老化程度，调整传动带松紧度至符合规定要求。

7）转向器检查：检查转向器液面及密封状况，润滑万向节十字轴、横直拉杆、球头销、转向节等部位。

8）离合器检查调整：离合器操纵机构应灵敏可靠；踏板自由行程应符合规定要求。

9）变速器、差速器检查：检查变速器、差速器液面及密封状况，润滑传动轴万向节十字轴、中间轴承，校紧各部联接螺栓，清洁各通气塞。

10）制动系统检查：检查并紧固各制动管路、检查调整制动踏板自由行程，要求制动管路接头不漏气，支架螺栓紧固可靠。制动联动机构应灵敏可靠，储气筒无积水、制动踏板自由行程符合规定。

11）车架、车身及各附件检查紧固：各部螺栓及拖钩、挂钩应紧固可靠，无裂损，无窜动，齐全有效。

12）轮胎检查：检查轮辋及压条挡圈应无裂损、变形；检查轮胎气压（包括备胎）应符合规定，气门嘴帽齐全；检查轮毂轴承间隙无明显松旷。

13）悬架机构检查：要求无损坏、连接可靠。

14）蓄电池检查：电解液液面高度应符合规定，通气孔畅通，蓄电池桩头清洁、牢固。

15）灯光、仪表、信号装置检查：要求齐全有效，安装牢固。

16）全车润滑点：要求润滑各润滑点，检查润滑嘴应安装正确，齐全有效。

17）全车检查：全车不漏油、不漏水、不漏气、不漏电、不漏尘，各种防尘罩齐全有效。

### 8.3.3 汽车二级维护

**1. 二级维护的时间**

汽车二级维护时间也是以汽车行驶里程为基本依据，可按使用说明书要求进行，如轿车一般在行驶10000~15000km后进行。同时还应该根据汽车使用条件的不同有所区别，如汽车经常在较差路面行驶或经常大负荷工作，则应提前进行维护。

### 2. 二级维护的内容

二级维护是除一级维护作业外的主要维护作业，以检查、调整转向节、转向摇臂、制动蹄片、悬架等安全部件为主，并拆检轮胎，进行轮胎换位，检查调整发动机工作状况和排气污染控制装置等，由维修企业负责执行。

汽车二级维护具体内容较多，应采用专用检测仪器进行检查，主要维护检测项目见表 8-5。根据检测结果及车辆实际技术状况进行故障诊断，确定附加作业内容。

表 8-5　汽车二级维护检测项目

| 序号 | 检测项目 | 序号 | 检测项目 |
|---|---|---|---|
| 1 | 发动机功率，气缸压力 | 8 | 前照灯 |
| 2 | 汽车排气污染物，三元催化转化装置的作用 | 9 | 操纵稳定性，有无跑偏、发抖、摆头 |
| 3 | 电控燃油喷射系统 | 10 | 变速器，有无泄漏、异响、松脱、裂纹等现象，换档是否轻便灵活 |
| 4 | 柴油车检查供油提前角、供油间隔角和喷油泵供油压力 | 11 | 离合器，有无打滑、发抖现象，分离是否彻底，接合是否平稳 |
| 5 | 检查制动性能 | 12 | 传动轴，有无泄漏、异响、松脱、裂纹等现象 |
| 6 | 转向轮定位，主要检查前轮定位角和转向盘自由行程 | 13 | 后桥，主减速器有无泄漏、异响、松动、过热等现象 |
| 7 | 车轮动平衡 | | |

#### 8.3.4　汽车换季维护

有的汽车还要求进行换季维护，一般是在入冬和入夏前气温变化较大时进行。换季维护以更换燃油、润滑油、防冻液为主要内容。

## 项目小结

1）我国优质汽油分 89 号、92 号，95 号，汽油的选用应按车辆使用说明书要求进行。

2）我国柴油汽车使用的柴油为轻柴油，按其质量分为优等品、一等品和合格品三个等级，每个等级又按柴油的凝点分为 5、0、-10、-20、-35 和 -50 六个牌号。选用时，应该根据当时、当地的气温确定，要求柴油的凝点应该低于当地最低气温。

3）汽车润滑油分 4 类若干等级。选用时，应根据车辆使用说明书要求进行选择。

4）汽车齿轮油、润滑脂、自动变速器油、制动液等都应该根据不同的汽车要求，按照使用说明书进行选用。

5) 汽车磨合对减轻汽车磨损、延长汽车寿命、提高汽车功率、降低汽车油耗、减少汽车排污关系极大,应该按照使用说明书的要求进行磨合。

6) 汽车维护对保持汽车动力性能、经济性能和安全性能意义重大,应按使用说明书的要求严格进行。我国汽车维护分为日常维护、一级维护、二级维护三个等级。

### 习题与思考题

1. 调研一辆汽车,看看它使用的燃油、润滑油、齿轮油、润滑脂、自动变速器油、制动液各是什么牌号,是否符合要求。
2. 调研一辆汽车,了解车主刚买车时是否进行过磨合,是如何磨合的。
3. 协助驾驶人员进行汽车的日常维护。
4. 调研一个汽车维修厂,了解他们如何进行汽车的一级维护和二级维护。

# 项目9 汽车文化

**教学目标与要求**

- 理解世界著名汽车竞赛分类及基本内容。
- 知道世界著名的汽车展。
- 理解汽车俱乐部的作用与工作内容。
- 理解汽车模型的作用与竞赛项目。
- 学会汽车资料和新闻的检索。

人类在发明汽车的同时,也创造了辉煌的汽车文化,如汽车商标(见项目2、项目3)、汽车展览、汽车竞赛、汽车俱乐部、汽车模型等,无一不蕴含着丰富的文化内涵。

## 任务9.1 观看汽车竞赛

### 9.1.1 汽车竞赛与分类

**1. 汽车竞赛**

汽车竞赛又叫赛车运动,是指利用汽车在各种道路上进行汽车性能(速度、耐力、油耗等)和驾驶技术等比赛的一种活动,是一项风行世界的体育运动项目。

1887年,举办了世界上第一次汽车比赛,结果只有一辆蒸汽汽车参加。1895年,进行了第一次有汽油汽车参加的比赛,汽油汽车战胜了蒸汽汽车,从而为汽车的发展开辟了道路。

1904年,由法国等欧洲国家发起,成立了国际汽车联合会(FIA)组织(图9-1)。从此,世界赛车运动就蓬勃地开展起来。中国汽车运动联合会于1975年成立,1983年加入国际汽车联合会。

图9-1 国际汽车联合会标志

赛车强大功率、最小空气阻力及最轻质量的要求，促使汽车厂家为此做出了巨大的努力，直接推动了汽车工业的发展。如涡轮增压发动机、电子控制自动变速器、扰流板及尾翼、纤维增强复合材料车身等不少技术，都是在赛车上首先采用的。一些汽车品牌也是在汽车竞赛中出现的，如意大利的法拉利轿车、日本的本田轿车和三菱汽车等。

**2. 汽车竞赛分类**

赛车竞赛的种类很多，比较著名、影响较大的项目大致可分为以下几类：

(1) 汽车道路比赛　用成批生产的汽车在现有道路上进行的比赛称为汽车道路比赛，如拉力赛、越野赛，其特点是车速较低，赛程较长，比赛很艰苦。

(2) 汽车耐久赛　用成批生产的汽车或特制的运动原型车，在固定赛场或圈围好的现有道路上进行的长时间连续比赛称为汽车耐久赛，如法国勒芒24h耐久赛，其特点是车速很高，比赛既刺激又艰苦。

(3) 汽车场地赛　用特制的专用赛车，在固定的赛场中进行的比赛称为汽车场地赛，如方程式车赛、印地车赛，其特点是车速很高，赛程只有2~3h，比赛激烈。

其他的还有创纪录赛、冲刺赛、技巧赛、节油车赛、卡丁车赛、太阳能车赛、老爷车赛、大脚车赛、泥潭赛、毁车赛、汽车足球赛、汽车选美赛等。

### 9.1.2　方程式汽车赛

**1. 方程式汽车赛种类**

方程式汽车赛是汽车场地比赛的一种，由于参加这种比赛的赛车必须依照国际汽车联合会制定的车辆技术规定的程式设计和制造，因此称为方程式赛车。

方程式赛车的级别有很多种，主要有一级方程式（简称F1）、F3000、三级方程式（简称F3）、亚洲方程式、无限方程式、福特方程式、雷诺方程式、卡丁车方程式等。其中一级方程式锦标赛是世界上汽车场地竞赛项目中最高级、也是最引人注目的比赛。

**2. 世界一级方程式锦标赛**

世界一级方程式锦标赛（FIA Formula One World Championship，F1），也叫一级方程式汽车大奖赛。F1大赛起始于1950年，每年在世界各地比赛16场，每场比赛取前6名，获得总积分最高者即为世界冠军。

F1赛道为改性沥青，每个赛道的周长不等，最短的是摩洛哥的"蒙特卡罗街区赛道"，单圈长度为3.3km，最长的是比利时的"斯帕"赛车场，单圈长度为7km。匈牙利布达佩斯赛道如图9-2所示。

驾驶赛车的赛手为一个人。比赛时22辆赛车根据排位比赛的成绩排列起跑顺序。当信号灯变为绿色时，22辆赛车同时出发，跑完规定圈数（每场为超过305km的最小圈数），时间短者获胜。一场F1比赛时间不能超过2h。

项目 9 汽车文化

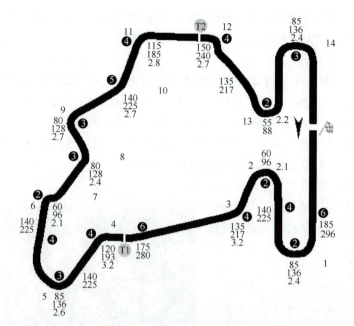

图 9-2 匈牙利布达佩斯赛道

F1 使用的赛车(图 9-3)车身外形、操作系统及发动机都有严格规定,现代 F1 赛车的基本特点是:四轮外露,单座,重心低,轮距大,最低重量 550kg。

发动机:排量 3L,自然吸气式汽油机,气缸数不多于 12 个,输出功率 700kW,禁止增压。

变速器:6~7 档,自动电子变速系统,变速按钮在转向盘上。

车身:框架式结构,采用碳纤维增强塑料或特种材料制造,流线型车身,

图 9-3 一级方程式赛车

前有汽车的尖形鼻锥,后有尾翼,以减少空气阻力和气流造成的升力。油箱用特种橡胶制成。

轮胎:轮辋只用一个轮胎螺栓,以方便快速拆换。在干燥路面上使用只有四道花纹的"干地轮胎",在湿滑路面上使用"湿地轮胎"。前轮胎宽 12in (304.8mm),后轮胎宽 18in(457.2mm)。赛前加热,以提高附着力。

F1 车手必须持有 FIA 签发的"超级驾驶证"才能参赛。

F1 是世界上最昂贵的运动。最便宜的一台发动机,包括零件和维修维护,也要 800 万美元,汽油每年要 30 多万美元,一支车队有两部赛车和一部后备赛车。每一支赛车队有好几十位工作人员,一般强队的主任工程师,年薪大约 100 万美元,赛车手的薪金很高,最顶尖的几位赛车手,如舒马赫,年薪约 1000 万

美元，所以经营一支强队，每年的费用约 5000 万美元甚至更多。现在世界上有 20 余支实力雄厚的 F1 车队，大多属英、意、法三国所有。

### 3. 其他方程式汽车赛

F3000 方程式汽车赛，是方程式汽车场地赛的项目之一。它也设有国际大奖赛，但只有 4 个分站。它使用的赛车是四轮外露、单座、纯跑道用方程式赛车。装备 8 气缸、排量 3L 的自然吸气式汽油发动机，输出功率约 349kW。

三级方程式（F3）赛车体积较小，最小质量 540kg，发动机气缸数最多 4 个，禁用两冲程发动机，最大排量为 2L，禁用增压器，功率约 125kW。

亚洲方程式汽车赛只限于在亚洲地区开赛。

卡丁方程式汽车赛是场地比赛项目的一种（图 9-4），是世界方程式赛车的最初级形式，始于 1940 年。由于许多著名的 F1 赛车手都是从卡丁车起步的，因此，卡丁车被视为 F1 的"摇篮"。

图 9-4 卡丁方程式汽车赛

卡丁方程式汽车赛分方程式卡丁车、国际 A、B、C、E 级和普及级 6 种，共 12 个级别。赛车使用轻钢管结构，操作简单，无车体外壳，装配 100mL、125mL 或 250mL 汽油发动机，是 4 轮单座位微型赛车，其重心低，在曲折的环形路线上行驶速度感强。

### 9.1.3 汽车拉力赛

#### 1. 世界汽车拉力锦标赛

世界汽车拉力锦标赛（World Rally Championship，WRC）是著名汽车拉力赛，拉力赛又叫集合赛、多日赛，是英语 RALLY（集合）的音译。它是汽车道路比赛项目之一，是一种汽车长途越野赛。

汽车拉力赛主要在有路基的土路、沙砾路上进行，也有部分的柏油路。它可在一个国家内或跨越国境举行。汽车拉力赛既能检验汽车的性能和质量，又能考验驾驶员的技术。

拉力赛是使用规定的赛车（图 9-5）、按规定的平均速度，在完全或部分对普通交通开放的道路上进行的一项赛事，每辆赛车组由 1 名车手及 1 名领航员组成，比赛成绩以时间最少者为冠军。

国际汽车拉力赛每年设有世界汽车拉力锦标赛（9 站）、欧洲汽车

图 9-5 世界汽车拉力锦标赛

拉力锦标赛(11站)、亚洲汽车拉力锦标赛(6站)、非洲汽车拉力锦标赛(5站)、中东汽车拉力锦标赛(6站)等众多大型赛事,比赛设车手奖和车队奖。较为著名的汽车拉力赛还有蒙特卡罗汽车拉力赛、巴黎-达喀尔汽车拉力赛等。

### 2. 蒙特卡罗汽车拉力赛

蒙特卡罗汽车拉力赛(图9-6)是一种国际性的汽车拉力赛。蒙特卡罗是法国和意大利之间的一个欧洲小国摩纳哥的城市,也是一个著名赌城。

1911年,欧洲十国进行了以各自首都为起点,到摩纳哥的蒙特卡罗集合的汽车长途越野赛。全程限7天完成,以各自行驶的平均速度作为胜负的标准。这次比赛,以RALLY命名,成为世界上第一次正式的汽车拉力赛。

以后比赛每年1月份举行,路线在摩纳哥附近的山区,由于冬季冰雪,行驶条件十分恶劣,全程约5000km,赛程4~5天。

### 3. 巴黎-达喀尔汽车拉力赛

巴黎-达喀尔汽车拉力赛是世界上最长最艰苦的汽车拉力赛之一。这一拉力赛,自1979年开始,每年1月份举行。比赛汽车从法国巴黎出发,乘船渡过地中海,在非洲北部上岸。然后,穿越非洲的撒哈拉大沙漠、潮湿的热带雨林及各种崎岖的路段,途经多个国家,最后到达塞内加尔的首都达喀尔,总行程约13000km,历时约20天。如图9-7所示是2005年的巴黎-达喀尔汽车拉力赛路线图。

图9-6  蒙特卡罗汽车拉力赛

图9-7  巴黎-达喀尔汽车拉力赛路线图

### 4. 555香港-北京汽车拉力赛

在我国曾举办了555香港-北京国际拉力赛,由于这一赛事由生产"555"牌香烟的英美烟草公司赞助,所以前面冠以"555"。该赛事从1985年开始举办,1988年中断,1993年恢复,1996年的赛事为最后一届。

这一比赛从香港出发,途经广东省韶关市的世界地质公园丹霞山,再经长沙、武汉、郑州、石家庄,终点为北京天安门广场,总行程约3900km,历时约

7天。参加这一赛事的国家还有日本、美国、菲律宾、澳大利亚、德国、奥地利、瑞典、英国、意大利、肯尼亚。中国车手卢宁军(图9-8)在1986年勇夺冠军,这是中国车手首次参加国际汽车拉力赛取得优良成绩。

1999年开始,我国北京市怀柔区成为世界拉力锦标赛的分站之一,因此不再举办555香港-北京拉力赛。

### 5. 其他汽车拉力赛

东非沙法里拉力赛,从1953年起每年举行一次,比赛途径肯尼亚、乌干达等国家,路面条件十分恶劣,路线长达6000km,赛程4~5天。

图9-8 中国车手卢宁军

还有英国伦敦到澳大利亚悉尼的拉力赛、摩洛哥、奥地利阿尔卑斯、法国阿尔卑斯、希腊阿克罗波拉斯、美国奥林巴斯、芬兰千湖等拉力赛。

### 9.1.4 汽车越野赛

越野赛(图9-9)是汽车道路比赛项目之一,是在一个国家或几个国家的公路和自然道路上进行的汽车比赛。经过几个国家的领土、总行程超过10 000 km或跨洲进行的汽车比赛,称为马拉松越野赛。

越野赛不同于拉力赛,比赛必须在白天进行。除国际汽联特别批准外,赛程不得超过15天,每经过10个阶段后,至少休息18h。参赛车辆必须是全轮驱动汽车。

巴黎-北京马拉松越野赛是世界上最早的汽车越野赛,在1907年举行。汽车从北京开到巴黎,有5辆汽车参加,3辆汽车历经2个月才到达巴黎。如图9-10所示是赛车经过我国八达岭的画面。

图9-9 汽车越野赛

图9-10 赛车经过我国八达岭

1992年9月,举行了一次巴黎-北京马拉松汽车越野赛。比赛汽车从巴黎出发,经莫斯科,从我国新疆入境,最后到达北京。全程16135km,途经11个国家,历时27天,有50辆赛车在规定时间内跑完全程。

### 9.1.5 汽车耐久赛

汽车耐久赛是一种在规定赛道上进行长时间连续行驶的耐久性比赛，它可以考验汽车的动力性能、可靠性和驾驶员的耐力。最著名的汽车耐久赛是勒芒 24h 汽车耐久赛。

勒芒 24h 耐久赛在法国勒芒（Le Mans）举行。从 1923 年开始，每年 6 月份（1936 年、1940 年、1948 年除外）都要举行汽车连续行驶 24h 的比赛，它与 F1 及世界汽车拉力锦标赛并列世界汽车三大赛事。

勒芒赛道（图 9-11）是环行跑道，长 13.5km，其中大部分是封闭式的高速公路。比赛时每辆车配备 3 个驾驶员，轮流驾驶与休息。实行昼夜"三班"制。在 24h 的赛程中，由于夜间气温较低，轮胎抓地性最好，机件运行也进入良好状态，所以赛手都趁

图 9-11 勒芒赛道

"夜深人静"之际拼命奔跑，此时竞争最为激烈。汽车每隔 50min 就要加油检修，汽车一个昼夜行驶约 5000km，平均时速超过 200km，在直线路段行驶最高时速超过 400km。比赛在 24h 内行驶距离最长者获胜。

### 9.1.6 其他汽车赛

#### 1. 汽车冲刺赛

冲刺赛是一种由静止加速起跑的竞赛，由两辆车在规定距离上比试速度，规定的距离一般为 402.336m（1/4mile）或 201.168m（1/8mile），胜者进入下一轮竞赛，负者被淘汰。然后两个胜者再一对一地比赛，直到最后一位胜者便是冠军。

#### 2. 老爷车赛

老爷车赛开始于 1896 年，当时英国伦敦为庆祝汽车的诞生及放宽的交通条例（即废除红旗法），举办了伦敦海德公园至布莱顿的汽车赛，总行程为 96km。后来演变成老爷车赛，由皇家俱乐部举办，每年 11 月的第一个星期天在伦敦举行。1927 年第一届老爷车赛开始举行，当时规定只有 1905 年以前生产的汽车才能参加比赛（图 9-12）。

2000 年，欧洲老爷车协会组织了"环游地球 80 天"老爷车全球行拉力赛，有 100 辆老爷车参赛，从伦敦出发，途径北京、纽约，80 天之后再次返回伦敦。中国雏文有受到邀请，再次驾"大红旗"出征（图 9-13），参加了中国段的比赛。

#### 3. 派克峰国际爬山赛

该比赛是每年 7 月间都会在美国科罗拉多州的派克峰（Pikes Peak）所在山脉进行的汽车爬山赛，历史悠久，首度举办于 1916 年。赛道全程共接近 20km，沿

途共有156个弯道(图9-14),是全世界比赛场地海拔最高(4301m)、车辆性能水平也最高的越野赛车活动之一。

### 4. 汽车漂移赛(图9-15)

漂移指让车头的指向与车身实际运动方向之间产生较大的夹角,使车身侧滑过弯的系列操作。漂移是一种极具观赏性的驾驶方式,在拉力赛中也是一项常用的技术,这两年漂移在国内很热门,尤其是很多年轻的驾驶者都喜欢,但方法不当会造成事故。

图9-12 老爷车

图9-13 中国锥文有驾"大红旗"参加老爷车拉力赛

图9-14 派克峰弯道

图9-15 汽车漂移赛

### 5. 太阳能汽车赛(图9-16)

太阳能汽车赛比赛用车的动力能源不是汽油,而是太阳能。目前,许多国家都有举办太阳能汽车比赛,但最有名的是自1987年开始举办的澳大利亚太阳能汽车挑战赛,比赛路程长达3000km,比赛目的不是考验驾驶员能开多远,而是利用太阳能能走多远。

### 6. 汽车跳远比赛(图9-17)

近年西方国家兴起了汽车跳远比赛,法国年轻赛车运动员迪埃里·罗宾在一次比赛中,驾驶汽车以165km/h的速度疾驰,然后汽车冲上高度为5.6m的跑道斜面腾空跃起,汽车在空中"飞越"一段距离后,再重重地落在由数千个纸盒堆成的"沙坑"里,他创造了汽车腾空"跳远"101.17m的世界纪录。

### 7. 泥潭汽车大赛(图9-18)

美国的得克萨斯州近年来兴起一种泥潭汽车比赛,参赛车均改装为小汽车和小货车。比赛在一个长60m、宽23m的人造泥潭中进行。赛手们经过抽签后,驾车开进泥潭,目前跑完全程的最好成绩为9s。泥潭汽车大赛也在世界其他地方兴起。

汽车比赛五花八门,除上述汽车比赛外,还有大脚车赛、"肥皂盒"车比赛、汽车足球赛、汽车趣味赛、汽车沙滩赛、滑稽车比赛、毁车比赛和汽车选美赛(图9-19)等。

图9-16 太阳能汽车赛

图9-17 汽车跳远比赛

图9-18 泥潭汽车大赛

图9-19 2012年美国汽车选美赛

### 9.1.7 F1著名车队与车手

**1. 著名车队**

(1) 法拉利车队  1950年首次参赛,至2015年共夺得16次世界车队冠军,15人次世界车手冠军。

(2) 麦克拉伦车队  麦克拉伦车队(Mclaren)由布鲁斯·麦克拉伦于1966年创建。至2009年共夺得8次世界车队冠军,12人次世界车手冠军。

(3) 威廉姆斯车队  1973年建立,至2015年共获得过9次世界车队冠军和7人次的世界车手冠军。

(4) 莲花车队  英国莲花车队成立于1958年,截至1996年车队离开F1共夺得7次世界冠军。2010年,马来西亚接管的莲花车队又重新回到赛场参加F1比赛。

(5) 雷诺(Renault)车队  车队前身是贝纳通(Benetton)车队,2000年被雷诺公司收购。车队截至2006年,共获得2个车手总冠军和2个车队总冠军。

(6) 其他著名车队  有乔丹车队、索伯车队、丰田车队、福特车队、英美车队、美洲虎车队、三菱车队、蓝旗亚车队、日产车队等。

**2. 著名车手**

(1) 胡安·曼努尔·凡乔(图9-20)  1911年出生在阿根廷一个工厂主家

庭，1934年进入赛车界，1951年、1954~1957年5届F1年度总冠军。他是赛车史上一位传奇人物，一代元老，一个神话。

(2) 尼克·劳达(图9-21)　1949年出生在奥地利，1971年开始参加F1大赛，3次获得世界冠军。

(3) 阿兰·普罗斯特(图9-22)　1955年生于法国，1980年加盟麦克拉伦车队，开始了其13年的F1大赛历程，共夺得4次F1年度总冠军。

图9-20　胡安·曼努尔·凡乔　　图9-21　尼克·劳达　　图9-22　阿兰·普罗斯特

(4) 艾尔顿·塞纳(图9-23)　1960年出生在巴西圣保罗市一个家财百万的汽车工厂主家庭，13岁时就参加卡丁车比赛，17岁时夺得南美冠军。1984年进入F1车队，1988、1990、1991年夺得F1年度总冠军。

(5) 米切尔·舒马赫(图9-24)　德国车手，7次夺得世界年度车手总冠军，91次夺得世界分站赛冠军。

(6) 吉姆·克拉克(图9-25)　是20世纪60年代不可战胜的车手，共赢得了25个分站赛冠军和两次车手世界冠军。1968年在F2赛车中意外身亡。

图9-23　艾尔顿·塞纳　　图9-24　米切尔·舒马赫　　图9-25　吉姆·克拉克

(7) **其他著名车手** 著名车手还有布拉海姆、斯图尔特、皮盖特、阿斯卡里、格拉汉姆·希尔、非蒂鲍尔蒂、哈基宁、阿隆索、莱克宁、汉密尔顿、肯库宁、马基宁、麦克雷、塞恩斯、伯恩斯等。

## 任务9.2 参观汽车展览

### 9.2.1 汽车展览

汽车展览是专门为汽车举办的展览,是汽车制造商们展示新产品、树立企业形象、展示公司实力、争夺汽车市场的舞台,可以让人们感受到世界汽车工业跳动的脉搏;也是进行汽车技术交流、发展经贸合作的良好机会。同时,<u>汽车展览带来的风格和文化氛围,促进了汽车文化的交流与发展</u>。

### 9.2.2 国外著名汽车展览

国外著名的车展主要有法兰克福车展、巴黎车展、日内瓦车展、北美车展和东京车展五大汽车展。我国的北京车展也已跻身世界著名汽车展前十位。

**1. 法兰克福车展**

法兰克福车展在德国法兰克福(图9-26)举行,创办于1897年,是世界上最早、最大的汽车展之一(一些世界级汽车公司"梅塞德斯-奔驰""宝马""奥迪""欧宝"以及"保时捷"都有自己专门的展厅),有世界汽车工业"奥运会"之称。

法兰克福车展在1951年以前在德国柏林举行,1951年移到法兰克福市,每2年举办一次,展览时间一般在9月中旬,持续时间2周左右。

**2. 巴黎车展**

巴黎车展(图9-27)在法国巴黎进行。该展起源于1898年的国际汽车沙龙会,直至1976年每年一届,此后每两年一届,在9月底至10月初举行。

巴黎车展的特点如同时装展,各种汽车新颖独特,新奇的概念车云集,给人以争奇斗艳的感觉。

图9-26 法兰克福会展中心

**3. 日内瓦车展**(图9-28)

日内瓦车展创办于1924年,每年3月份在瑞士日内瓦举行。2018年的车展是第88届。

日内瓦车展档次高、水准高,是各大汽车商首次推出新产品的最主要的展出平台,素有"国际汽车潮流风向标"之称。

图 9-27　巴黎车展　　　　　　　图 9-28　日内瓦车展

**4. 北美车展**

北美车展始于 1907 年，每年 1 月在美国底特律举行，原称"底特律车展"，1989 年更名为"北美国际汽车展"。

从 1965 年开始，北美车展迁移到现在的 COBO 展览中心（图 9-29），那里是世界上最大的平面室内展览会场之一，展览面积约 8 万平方米，会议室、会谈室近百个，可同时容纳上万名参观者。

**5. 东京车展**

东京车展（图 9-30）始于 1954 年，一般每年 10 月在日本东京举行，自 2007 年的第 40 届车展起，改为两年一届。

图 9-29　COBO 展览中心　　　　　图 9-30　东京车展

东京车展历来以规模大、注重新产品和新技术的推出、展出产品实用性强而闻名于世界。1999 年，东京车展参观者达 140 万人，创下当时世界纪录。

**6. 其他国际车展**

除上述车展外，还有些规模较小的国际车展，如伦敦汽车展、纽约汽车展、芝加哥汽车展等。

### 9.2.3　中国主要汽车展览

**1. 北京车展**

北京车展创办于 1990 年，每两年定期在北京举办（图 9-31）。展会秉承展品精、品牌全、国际化的办展理念和特色，规模不断扩大，众多跨国汽车企业将北京车展列为全球 A 级车展，北京车展已跻身世界著名汽车展前十位。

### 2. 上海车展

上海车展创办于 1985 年，逢单数年在上海举办（图 9-32）。2004 年 6 月，上海车展顺利通过了国际博览联盟（UFI）的认证，成为中国第一个被 UFI 认可的汽车展，成为国际上最具影响力的汽车大展之一。

图 9-31 北京车展

图 9-32 上海车展

### 3. 广州车展

广州车展创办于 2003 年，在广州市琶洲展览中心举办（图 9-33）。基于"高品位、国际化、综合性"的定位，经过几年的发展，已成为中国大型国际车展之一。

#### 9.2.4 概念车

##### 1. 概念车及分类

概念车由英文 Concept Car 意译而来，它不是即将投产的车型，只是向人们展示设计人员新颖、独特、超前的构思而已。世界各大汽车公司都不惜巨资研制概念车，借以向公众显示本公司的先进技术，提高自身形象。

图 9-33 广州展览中心

通常概念车分为两种，一种是能跑的真正汽车，另一种是设计概念模型。前者比较适合于批量生产，一般在 5 年左右可成为公司投产的新产品；后者汽车虽是更为超前的设计，但因环境、科研水平、成本等原因，只是未来发展的研究设想。

##### 2. 概念车展示

历届车展上概念车繁多，图 9-34~图 9-37 所示为部分车展上的概念车。

#### 9.2.5 汽车模特

随着汽车展览的兴起，汽车模特应运而生，格外引人注目，增加了汽车展览的文化艺术品位。

图9-34 2010年上海世博会概念车

图9-35 凯迪拉克2009年钍燃料概念车

图9-36 宝马概念车

图9-37 标致概念车

中国首届汽车模特大赛于2004年在广州天河体育中心举行,广东的朱云珊(图9-38中)夺得冠军。之后在海南、上海等地都开展了汽车模特大赛。

### 9.2.6 艺术汽车

1. 艺术汽车

艺术汽车是指以汽车为题材传达主体特定的思想、观念、心理与情感活动的一种艺术形态。

美国休斯敦每年举办一届艺术汽车展。2005年5月14日的艺术汽车展有280多辆汽车参加展出(图9-39)。

图9-38 广州国际车模大赛

图9-39 美国休斯敦艺术汽车展

## 2. 艺术汽车展示

部分艺术汽车如图 9-40、图 9-41 所示。

图 9-40　艺术汽车 1　　　　　　　　图 9-41　艺术汽车 2

# 任务 9.3　汽车俱乐部调研

### 9.3.1　汽车俱乐部

汽车俱乐部是将汽车车主组织起来的一种联谊组织。全世界目前已有 100 多个全国性汽车俱乐部和附属机构，还有一些各国汽车俱乐部的联合组织。

汽车俱乐部的主要作用有：

1）举办各种活动（发行刊物、举办展览、车赛等），宣传汽车的优点，促进汽车的普及和使用。

2）呼吁政府大力建设公路，放宽对汽车使用的限制，制定有利于汽车发展的政策和法规。

3）为会员提供各种服务；如汽车驾驶培训、汽车救援、组织驾车旅游、代办汽车保险、维修、加油、停车等服务。

### 9.3.2　世界主要国家汽车俱乐部

#### 1. 美国

美国汽车协会（AAA）在 20 世纪初建立，是美国最大的汽车俱乐部，现有超过 4700 万会员，驾驶着在美国道路上行驶的所有轿车的 20%。

美国汽车协会在呼吁建立美国的国家公路系统及维护汽车用户利益方面起了重要作用，在汽车的普及和汽车服务上也做了大量工作。同时 AAA 也是世界上最大的"美国快速旅行支票"的销售者，向会员们卖出了数千万的信用卡、旅行支票、保险单、行李票。

#### 2. 德国

德国汽车俱乐部（ADAC）（图 9-42）成立于 1903 年，截至 2012 年有会员 1800 万，会员每年只需交纳 73 马克会费。会员的汽车在德国任何地方，甚至在欧盟其他国家，只要打一个电话，ADAC 很快即派人来排除故障，修理时更换部件的费用和修理工时费由会员自付，如果已无法就地修复，ADAC 可帮车主把车拖回家，而车主支付的托运费最高不超过 300 马克。所有会员每月可得到一期 ADAC 办的杂志，杂志中大部分内容是介绍如何维护修理汽车的经验，其发行量很高，是德国发行量最大的刊物之一。

图 9-42　德国汽车俱乐部

### 3. 澳大利亚

澳大利亚汽车俱乐部创建于 1905 年，截至 2017 年已发展会员约 800 万。从 1991 年起，全国统一启用提供道路服务的单一号码系统，依靠这一电话号码系统，可以随时让待援者与救援中心联系，平均每个会员每年有一次要求提供救援服务的求助。由于澳大利亚汽车俱乐部具有良好的财务基础，给会员提供了出色的服务，取得了成功的经验。

### 4. 中国

中国汽车俱乐部起步较晚，但发展很快，全国汽车俱乐部数量约为 1.55 万家，比较著名的汽车俱乐部有北京大陆汽车俱乐部、华夏汽车俱乐部、上海安吉汽车俱乐部、江苏苏友汽车俱乐部等。

大陆汽车俱乐部 CAA（图 9-43）：创办于 1995 年，以汽车道路救援为核心业务，救援网络覆盖全国；产品体系包含安全保障系列、旅游自驾系列、汽车增值服务系列等汽车生活服务。

华夏汽车俱乐部 SCC（图 9-44）：以我国汽车拥有者、汽车驾驶者及汽车爱好者为服务对象，提供 24h 呼叫、紧急医务救护、紧急汽车救援、特惠汽车保险、汽车修理、汽车养护、汽车租赁及汽车信息咨询等服务；SCC 也是提供超低折扣的酒店、机票、鲜花、演出票预订、餐饮、娱乐、运动、健身、洗衣、体检、家政等服务，定期举办各种自驾游、品牌车友会、特色活动等的超大规模新型汽车俱乐部。

图 9-43　大陆汽车俱乐部　　　　　　　　图 9-44　华夏汽车俱乐部

## 任务 9.4　汽车模型展览与竞赛

汽车模型（图 9-45）将真实汽车按一定的比例缩小，以供观赏或竞赛。它主要有高仿真汽车模型、竞赛用汽车模型和玩具汽车模型三大类。

图 9-45　汽车模型

### 9.4.1　高仿真汽车模型

高仿真汽车模型主要用于观赏和收藏，是一种汽车娱乐休闲活动。世界各国都有专门制造和销售高仿真汽车模型的厂家和商店，为收藏者提供方便。

高仿真汽车模型分为金属汽车模型和塑料汽车模型两类，要求比例准确，形象逼真，一般没有动力，不能行驶。常用的缩小比例有：1/8、1/16、1/18、1/24、1/34、1/43、1/64、1/87 等。

### 9.4.2　竞赛用汽车模型

竞赛用汽车模型主要用于参加汽车模型比赛，装有动力及制动装置，可以行驶。由于它具有较强的趣味性和对抗性，因此得到不少青少年的喜爱，正在作为一种体育运动项目在世界上兴起。

汽车模型比赛分为竞速模型比赛和特种模型比赛两种。

竞速模型比赛主要分为内燃机模型赛和电动模型赛（图 9-46）两种。其他还有橡筋动力、太阳能动力、空气桨动力及自制模型等比赛项目。

内燃机模型赛是以微型汽油机为动力，其外形模仿大型赛车，尺寸比例为 1/8，发动机排量不得超过 3.5 mL，油箱容积不得超过 125mL。

电动模型赛是以电池和微型电动机为动力

图 9-46　遥控汽车模型

的汽车模型。其外形模仿大型赛车或自行设计。电动汽车模型由无线电遥控，并装有可靠的制动机构。

按行驶路面不同，竞速模型比赛可分为公路赛和越野赛两种。公路赛的场地设有沥青跑道，跑道设备各种弯道和护板。越野赛的场地设有土质跑道，有各种弯道、草地、水洼、沙地、坡道等障碍。

按比赛方法，竞速模型比赛又分为计时赛和耐久赛两种。计时赛按完成规定圈数的时间计算名次，耐久赛按在规定的时间内行驶的圈数计算名次。一般多采用耐久赛，每场比赛 8min。

### 9.4.3　玩具汽车模型

玩具汽车模型是根据汽车的基本构造和外观造型，按一定比例制作供儿童游戏的玩具，具有很好的开发智力的作用，几乎所有的人都玩过玩具汽车。玩具汽车在玩具产业中占有相当的份额，全世界玩具汽车的产量每年几千万辆。

大型的玩具汽车可供人们乘坐、驾驶和游乐，也称游乐车，一般见于公园等游乐场所，例如"碰碰车"。"碰碰车"一般采用铅酸蓄电池和电动机作为动力源，室内游乐车采用有线电缆，具备转向机构，由于车速很低，没有制动系统。为安全起见，车的周围装有较厚的橡胶缓冲保护层，以减轻发生碰撞时的冲击。

## 任务9.5　汽车媒体检索

汽车媒体包括汽车报纸杂志、书籍、广告、汽车网站等，目的是传播汽车信息、汽车技术和汽车文化，各种汽车媒体是广大汽车工作者、汽车驾驶员、汽车修理技术人员提高自己的重要工具之一。

### 9.5.1　汽车报纸杂志

国外著名汽车期刊主要有《汽车工业》（英国）、《汽车工程》（美国）、《汽车与驾驶员》（美国）、《汽车技术杂志》（德国）、《BOSCH汽车工程手册》（德国）、《自动车技术》（日本）、《汽车工程师》（法国）、《汽车工程师》（英国）、《汽车工程》（意大利）、《汽车工业》（俄罗斯）等。

国内主要汽车报纸杂志有《汽车工程》《汽车技术》《世界汽车》《中国汽车报》《汽车之友》《汽车与配件》《汽车维修与保养》等。

### 9.5.2　汽车网站

汽车网站能及时反映出汽车的新信息，每天都有大量的国内外汽车发展新动态、新技术以及广大网民的意见和评论，是快速获取汽车信息的一种方法。

国内主要专业汽车网站见表9-1。

表9-1　国内主要专业汽车网站

| 序号 | 网站名称 | 网站地址 |
| --- | --- | --- |
| 1 | 商用车网 | www.chinacar.com.cn |
| 2 | 太平洋汽车网 | www.pcauto.com.cn |
| 3 | 环球汽车交易网 | www.auto18.com |
| 4 | 汽车维护与修理 | www.autorepair.com.cn |
| 5 | 环球汽车用品网 | www.car2100.com |
| 6 | 汽车世界 | www.autoworld.com.cn |
| 7 | 节能与新能源汽车网 | www.chinaev.org |

除汽车专业网站外,还有大量的通用网站开辟有汽车频道或汽车搜索,比较著名的网站见表9-2。

表9-2 国内著名网站的汽车栏目与搜索

| 序号 | 网站名称 | 网站地址 |
|---|---|---|
| 1 | 百度汽车新闻搜索 | http://news.baidu.com/auto |
| 2 | 搜狐汽车频道 | http://auto.sohu.com/ |
| 3 | 腾讯汽车 | http://auto.qq.com/ |
| 4 | 新浪汽车 | http://auto.sina.com.cn/ |
| 5 | CCTV汽车频道 | http://www.cctv.com/auto |
| 6 | 21CN汽车频道 | http://auto.21cn.com/ |
| 7 | 网易汽车 | http://auto.163.com/ |

除此之外,还有各汽车集团、公司、销售网络,以及学校、个人办的大量网站,可供检索。

项目小结

1)著名汽车竞赛主要有汽车道路比赛(如拉力赛、越野赛)、汽车耐久赛(如法国勒芒24h耐久赛)、汽车场地赛(如方程式车赛)。

2)方程式汽车赛是依照国际汽车联合会规定进行汽车的制造与比赛的汽车场地比赛,其级别主要有F1、F3000、F3等。

3)国外著名的车展有法兰克福车展、巴黎车展、日内瓦车展、北美车展和东京车展五大汽车展。我国著名车展主要有北京车展、上海车展和广州车展。

4)概念车仅仅是向人们展示设计人员新颖、独特、超前的构思,还处在创意、试验阶段。

5)汽车俱乐部是由汽车车主组织起来的一种联谊组织,主要作用是为会员提供各种汽车服务,也是与政府沟通的一个渠道。

6)汽车模型是将真实汽车按一定的比例缩小,以供观赏、收藏、展览、竞赛和娱乐的,具有很高的观赏、收藏或竞赛价值。

7)汽车媒体包括汽车报纸杂志、书籍、广告、汽车网站等,是传播汽车信息、汽车技术和文化的重要手段。

**习题与思考题**

1. 你亲自或在电视上看到过哪种汽车竞赛?说说比赛的情况。
2. 你参观过车展或概念车吗,有什么收获?
3. 调研当地是否有汽车俱乐部组织,都开展哪些活动。
4. 你最喜欢的汽车网站有哪些?说说理由。

# 参 考 文 献

[1] 蔡兴旺. 汽车构造与原理(上册 发动机)[M]. 3版. 北京：机械工业出版社，2015.
[2] 蔡兴旺. 汽车构造与原理(下册 底盘 车身)[M]. 3版. 北京：机械工业出版社，2015.
[3] 蔡兴旺. 汽车文化[M]. 北京：机械工业出版社，2014.
[4] 蔡兴旺. 新能源汽车结构与维修[M]. 北京：机械工业出版社，2014.
[5] 蔡兴旺. 汽车发动机构造与维护[M]. 北京：机械工业出版社，2014.
[6] 林平. 车标—世界著名汽车标志[M]. 北京：化学工业出版社，2012.
[7] 蔡兴旺. 汽车概论[M]. 2版. 北京：机械工业出版社，2011.
[8] 胡建军. 思维与汽车维修[M]. 2版. 北京：机械工业出版社，2010.
[9] 帅石金. 汽车文化[M]. 北京：清华大学出版社，2007.
[10] 程国华，程盛. 追根溯源：百年汽车工业[M]. 北京：机械工业出版社，2007.
[11] Daimler Chrysler AG Konzernarchiv，Dr Harry Niemann. 百年奔驰[M]. 朱华，玉梅，Dr Nany Kim，译. 北京：电子工业出版社，2006.
[12] Erik Eckermann. 从蒸汽机到汽车[M]. 孙伟，译. 北京：电子工业出版社，2006.